Norberto Peixoto

O Magnetismo na Casa Umbandista

A Saúde Integral do Ser

3ª edição / Porto Alegre-RS / 2021

Capa e projeto gráfico: Marco Cena
Revisão: Sandro Andretta
Coordenação editorial: Maitê Cena
Produção editorial: Bruna Dali e Jorge Meura
Assessoramento gráfico: André Luis Alt

Dados Internacionais de Catalogação na Publicação (CIP)

P379m Peixoto, Norberto
O Magnetismo na Casa Umbandista: A Saúde Integral do Ser / Norberto Peixoto. – 3.ed Porto Alegre: BesouroBox, 2021.
176 p. ; 16 x 23 cm

ISBN: 978-85-5527-062-8

1. Religião. 2. Umbanda . 3. Passes - fisiologia. 4. Anatomia humana– noções básicas. I. Título.

CDU 299.6

Bibliotecária responsável Kátia Rosi Possobon CRB10/1782

Direitos de Publicação: © 2021 Edições BesouroBox Ltda.
Copyright © Norberto Peixoto, 2021.

Todos os direitos desta edição reservados à
Edições BesouroBox Ltda.
Rua Brito Peixoto, 224 - CEP: 91030-400
Passo D'Areia - Porto Alegre - RS
Fone: (51) 3337.5620
www.besourobox.com.br

Impresso no Brasil
Setembro de 2021

Não existe cura autêntica, a menos que exista uma mudança de perspectiva, uma serenidade mental e uma felicidade interna.

Para ter êxito na cura, é preciso ter gosto pela vida: Olhar a existência não meramente como um dever a ser cumprido, mas desenvolver uma verdadeira alegria na aventura de nossa jornada por este mundo!

Que possamos ter sempre no coração a gratidão pelo Criador, que, em toda a Sua glória, colocou as ervas nos campos para a nossa cura.

Dr. Edward Bach (1886-1936)

*A União faz a força!
Com a minha intuição...
Com o meu coração...
Com a minha vontade!*

 Obrigado à organizadora dos textos, Sarita Pinto Alves, que muito contribuiu para a concretização desta singela obra. Aos demais médiuns trabalhadores do Núcleo de Magnetismo do Grupo de Umbanda Triângulo da Fraternidade: Anelise Bratkowski Alves, Carlos José Duarte, Carlos Léo Teixeira, Cristina Schüssler, Daniela Lucas D'Oliveira, Hormy Soares Filho, Josiane Marchiori, Lucas Segala, Marcia Teresinha Soares, Rafael Witczak, Rejane Longoni Pacheco, Ricardo Lemieszek, Rita Beatriz Posser Descovi, Ronise Soares da Cunha, Rosenilda Lemes Gonçalves, Taís Mourad e Vanessa de Moura. Minha especial gratidão, pela dedicação e apoio.
 Tenho um zelo especial por todos vocês, não só como dirigente espiritual, mas sobretudo pelo sentimento de respeito incondicional e amor fraterno que inspiram.

Sumário

Palavras iniciais 9

Capítulo 1
Conceito de magnetismo 13
Eteriatria 14
O fluido vital de Jesus 17
O duplo etéreo 19
A aura humana 21
Ectoplasmia 23

Capítulo 2
A fisiologia do passe 29
Condições para o passe 30

Capítulo 3
O consulente – chegando na Casa 39
O objetivo das palestras 40
O passe coletivo na assistência 42
O tratamento 42

Capítulo 4
Os chakras e suas funções 47
Os Orixás e os desequilíbrios na saúde 62

Capítulo 5
Anatomia e fisiologia humana 77
Conhecendo o nosso corpo: medicina tradicional chinesa 87

Capítulo 6
Abordagem das doenças psicossomáticas 97

Capítulo 7
Cromoterapia 113
Cristais 118

Capítulo 8
A água fluidificada 131

Capítulo 9
Câncer 137
As obsessões 144
Estudos de casos 154

Capítulo 10
O que é a cura, afinal? 165

Capítulo 11
Palavras finais 171
A Parábola do Semeador 173

Referências bibliográficas 176

Palavras iniciais

Esta obra foi elaborada após uma experiência de sete anos de trabalhos do Núcleo de Magnetismo do Grupo de Umbanda Triângulo da Fraternidade (Porto Alegre/RS). Com o engajamento dos médiuns nos estudos de caso e acompanhamento dos consulentes, nos motivamos a concretizar uma solicitação recorrente de nossa assistência e de muitos leitores: que escrevêssemos uma "apostila" com a descrição das atividades desenvolvidas, um "passo a passo" teórico e guia prático para todos os interessados. Nada mais natural, então, do que concluirmos, com a publicação desta obra, o processo de registro etnográfico de nossos usos e costumes rito-litúrgicos, referentes a nossa prática com o magnetismo assistencial caritativo.

Procuramos descortinar os meandros "técnicos" do magnetismo com a precisão e o olhar profundo do passista pesquisador, todavia sem tornar a leitura de difícil entendimento ao leigo e iniciante.

A fisiologia do passe é aprofundada na forma de um guia prático, tanto para estudo como para organização do trabalho de magnetismo preferencialmente numa Casa umbandista, mas também em qualquer centro espiritualista, espírita, esotérico, holístico ou universalista. São elucidadas questões essenciais para todo trabalhador disposto a doar um fluido magnético saudável aos amigos espirituais. Os conceitos de magnetismo, duplo etéreo e aura humana são explicados com simplicidade didática, correlacionando-os ainda a noções básicas de anatomia humana, aos chakras e às energias primordiais dos Orixás canalizadas com o uso de cristais e cromoterapia, saberes mantenedores da saúde orgânica e psíquica do indivíduo.

Nosso esforço foi direcionado para a construção de referências sérias e éticas sobre o tema. O magnetismo na Umbanda é uma ferramenta de trabalho que pode ajudar a humanidade, notadamente como terapia energética coadjuvante à medicina terrena nas mais diversas enfermidades, especialmente as crônicas e degenerativas de alta morbidez, que tanto nos afligem atualmente. Em verdade, o magnetismo bem aplicado é fruto do amor, direcionado ao próximo com firme intenção mental, e independe de raça, opção sexual, condição econômica, rótulo religioso, credo, culto ou doutrina particularizada.

Sem dúvida, trata-se de valioso roteiro de estudo com relatos de casos reais. Contribui para compreendermos que depende de nós a construção da própria saúde, despertando-nos a consciência para a vida além da matéria e para a indispensável educação emocional, pré-requisitos mínimos para uma parceria mediúnica madura com nossos mentores e guias espirituais, neste atual momento planetário.

Aos que já têm o fermento da "inquietação" amorosa em seu interior, buscam a doação incondicional e anseiam serem magnetizadores úteis aos espíritos benfeitores, esperamos que estes singelos escritos sirvam de pão para alimentar os desnutridos e medicamento para curar os doentes. Sejamos ferramentas de amparo a todos os necessitados de fluidos vitais saudáveis em ambos os lados da vida – encarnados e desencarnados.

Capítulo 1

**Conceito de magnetismo
Eteriatria
O fluido vital de Jesus
O duplo etéreo
A aura humana
Ectoplasmia**

*Quando a boca sabe comer, o corpo é saudável.
Quando a mente sabe pensar, a alma é feliz.
E quando as mãos sabem ajudar, o coração é alegre!*
(Saúde – João Nunes Maia/Miramez)

Conceito de magnetismo

Existe uma troca constante de energia entre nós, o meio ambiente e as pessoas com quem entramos em contato num aperto de mão, num abraço; entre as almas é a simpatia, e atraímos tudo aquilo que necessitamos para o nosso bem-estar permanente, o que significa poder escolher estar em companhia de pessoas magnéticas para o sucesso, a saúde, a realização e o equilíbrio. As funções do magnetismo são de atração e repulsão. As ações do ser humano, sejam positivas ou não, emitem energias que estão presentes em toda parte. Sendo assim, as companhias que escolhemos na vida podem também ser prejudiciais, como pessoas violentas, negativas, mentirosas e de caráter duvidoso.

Portanto, caso a sua vida não esteja de acordo com o que você queria, reflita sobre as energias que você está emanando e também recebendo. O Cosmos sempre conspira a nosso favor, respeitando o livre-arbítrio de cada um e mostrando que a semeadura é livre, mas a colheita é obrigatória.

O iogue Paramahansa Yogananda deixou escrito, na década de 1920, que a alimentação adequada também propicia um bom magnetismo, e relacionou as frutas e verduras e a água de coco.

A intenção com a qual o alimento é preparado também tem muita importância. As refeições que agradam, que são bem-feitas e saborosas, receberam amor e dedicação de quem as fez.

Já aquelas que muitas vezes causam azia e má digestão foram, durante o preparo, impregnadas de formas-pensamentos negativas. O alimento retém a energia recebida, portanto, é preciso ter cuidado com o que se fala durante as refeições e também com os assuntos tratados na cozinha.

No que se refere ao passe magnético, não há incorporação, apenas o trabalho em que o fluido do médium é doado de forma genuína em benefício do consulente, de forma silenciosa, direcionada e sutil.

Neste momento, trabalha-se em uníssono com os amigos espirituais através da **intuição, com o campo de percepção do médium se alterando para que ele possa atuar no passe com absoluta tranquilidade.** Este é um trabalho sutil e profundo, que visa a auxiliar na restauração da saúde e do bem-estar dos consulentes que estão lidando com enfermidades não só do corpo, mas também da alma, respeitando sempre o livre-arbítrio de cada um, sabendo que recebem conforme o merecimento.

Quando bem orientado, o trabalho de cura faz com que os médiuns terminem a sessão sentindo-se leves e harmonizados, porque são muitas as energias atuando nos planos espiritual e material com os Falangeiros da Linha do Oriente.

Eteriatria

O que é Eteriatria e como se aplica no trabalho de magnetismo?

Eteriatria é uma forma de tratamento magnético que conjuga energia magnética de origem mental (talvez em forma de "força vital") com energia de alta frequência vibratória proveniente da imensidão cósmica, convenientemente moduladas e projetadas pela mente do operador sobre o consulente. Para bem compreender em que consiste a Eteriatria, basta considerar os estados da matéria. Em estado natural, por exemplo, a água é líquida: moléculas afastadas umas das outras e permitindo extrema mutabilidade de forma. Se congelada, solidifica-se: moléculas justapostas. Mas, evaporada por ação do calor, transforma-se em gás: as moléculas se afastaram tanto que a água perdeu a forma.

Assim, a área visada do duplo etéreo, nas camadas subjacentes e interpenetradas com o corpo astral – perispírito –, se tornará plástica e maleável por alguns minutos, as moléculas afastadas umas das outras na medida da intensidade da energia que lhes foi projetada. O processo se inicia no nível vibratório que tangencia o perispírito justaposto ao corpo etérico e, se empregada suficiente energia radiante, se refletirá no corpo físico.

Eteriatria seria a técnica de tratamento do corpo etérico, sua constituição, propriedades, fisiologia e inter-relações com o corpo físico, e principalmente com o perispírito – ou corpo astral –, pois é da interpenetração dos dois que nascem os fulcros energéticos desequilibrados que, pelo processo natural de ressonância vibratória, repercutem no físico muitas vezes na forma de metástases e desarranjos atômico-moleculares que causam as doenças, inclusive o câncer. Assim como a Medicina Clássica trata do corpo físico, a Eteriatria trata da dimensão energética – corpo etérico nas camadas que se ligam ao perispírito.

Mentaliza-se fortemente o corpo do enfermo, desejando a diminuição de sua coesão molecular, para receber tratamento energético adequado. "Coesão" é definida genericamente como a propriedade que têm os corpos de manter estável a sua forma, desde que não sujeitos à ação de forças deformantes. Resulta das forças atrativas entre moléculas, átomos ou íons que constituem a matéria.

Faz-se contagem firme, em que os pulsos sejam pausados, porém carregados de energia. Repete-se a contagem duas, três vezes.

O corpo físico não acusa a menor mudança de forma, nem de textura. Mas o corpo etérico se torna mole, menos denso, pronto a receber tratamento. Sensitivos videntes logo registram o fenômeno, assim como os médicos desencarnados que estão tratando o doente. Os médicos imediatamente se valem da nova situação para intervir mais profunda e facilmente no corpo astral – perispírito –, e mesmo no etérico, tratando-os.

Ao mesmo tempo em que interferimos na coesão molecular do corpo físico, etérico e astral, projetamos energia para dissolução das compactas massas de energia de baixa frequência vibratória – quase sempre de coloração escura – sobre o corpo etérico. Energias estas que estão, muitas vezes, na raiz da enfermidade. Em seguida, aplicamos nas áreas lesadas energias vitalizantes, fazendo-as circular através dos tecidos por meio de passes magnéticos localizados, de pequena extensão. Nos processos mórbidos, a circulação da vitalidade ao longo do corpo fica comprometida, de modo mais ou menos semelhante ao do estado inflamatório dos tecidos – em que a linfa e a própria circulação sanguínea se estagnam, provocando dores, edemas e ingurgitamentos dos tecidos afetados. Uma vez dissociadas essas energias estagnantes (que aos videntes aparecem como nódoas escuras), os tecidos ficam mais permeáveis às energias vitalizadoras, que aceleram o processo da cura. São indispensáveis, para todo o processo ser bem-sucedido, o amparo e a cobertura do mundo espiritual. Somente os mentores do lado de lá têm o alcance vibratório para avaliarem caso a caso o merecimento cármico de cada um. De nossa parte, implementamos os procedimentos, doamos amor e fluidos animais – ectoplasma –, mas nos é impensável adotarmos tais técnicas sem a parceria com os guias espirituais, notadamente pelo nosso baixo nível moral evolutivo, eis que ainda a chama ardente do Cristo Interno nos é muito tênue.

O fluido vital de Jesus

Jesus impunha as mãos para curar.

Durante os três anos em que esteve junto aos Apóstolos, em sua peregrinação terrena, Mestre Jesus efetuou inúmeras curas. Percorreu a pé longas distâncias, ensinou por meio de parábolas, nos deixou o legado do Sermão da Montanha, pediu que "amássemos uns aos outros como Ele nos amou". Consolou os aflitos, deu esperança e curou aqueles que já estavam em condições de compreender a verdade que liberta e que nos faz deixar de sofrer, porque haviam despertado internamente através do poder, da vontade e da fé.

Jesus curava com a imposição das mãos, puro magnetismo, sem incorporação de entidades espirituais. Atuava com amor e devoção ao Ser ali presente e também à distância quando solicitado.

Nunca interferiu sem que lhe fosse solicitado o auxílio. Ao término dos atendimentos, advertia: *"Tua fé te curou! Vai em paz, mas não tornes a pecar (repetir o erro) para que não te aconteça coisa pior."*

Claramente, aqui, observamos Jesus já mencionando a necessidade do autoconhecimento, levando à reflexão dos atos que haviam desencadeado a enfermidade da alma que termina por manifestar-se no corpo físico, muitas vezes já bastante deformado.

No Sermão da Montanha, Mestre Jesus vibrou na energia do Orixá Oxóssi, conhecido como o caçador de almas, o conselheiro, aquele que leva o conhecimento e que tem uma flecha só, o Senhor das matas, onde há a energia também de Ossain – "a cura se dá através da folha, sem folha não há Orixá"! (Livro *Umbanda pé no chão*, de Norberto Peixoto/Ramatís, Editora Conhecimento)

Somos a mais perfeita farmácia dentro de nós mesmos, precisamos nos evangelizar, abrir o coração para a receptividade do amor por si, porque somente o amor é capaz de curar todas as feridas. Se eu não me amar e não estiver bem comigo mesmo, minha vida não flui, portanto, não estou em condições de auxiliar ninguém, mas preciso, sim, me tratar.

Mateus (5:1-12, As bem-aventuranças do Mestre) nos remete ao Templo sagrado do Ser, porque Ele nos fala das Suas verdades vividas; traz renovação aos corações aflitos, numa época em que já não havia esperança para os pobres, econômica ou espiritualmente, de serem aceitos por uma sociedade que oprimia e cobrava altos impostos, além de ter um deus punitivo. Jesus vem e inverte essas posições falando de amor e perdão das ofensas, olhando fundo nos olhos de quem se encontrava com Ele, irradiando puro magnetismo amoroso, proferindo palavras de ânimo e esperança: "Tende bom ânimo, eu venci o mundo"; "Esteja no mundo, mas não seja do mundo" e "Vós sois deuses"...

No livro *Sabedoria do Evangelho*, de Carlos Pastorino, encontra-se um ensinamento sobre o magnetismo de Jesus em um texto de Marcos (5:25-34, A cura da hemorragia): *"Ora, uma mulher que padecia há doze anos de um fluxo de sangue, e que tinha sofrido bastante às mãos de muitos médicos, gastando tudo o que possuía sem nada aproveitar, antes ficando cada vez pior, tendo ouvido falar a respeito de Jesus, veio por detrás, entre a multidão, e tocou-lhe o manto, porque dizia: 'Se eu tocar somente a sua veste, ficarei curada'. No mesmo instante, secou a fonte de sangue e sentiu em seu corpo que estava curada de seu flagelo.*

"Conhecendo Jesus logo, por si mesmo, o poder que dele saíra, virando-se no meio da multidão, perguntou: 'Quem tocou o meu manto?'. Responderam-lhe seus discípulos: 'Vês que a multidão te comprime, e perguntas 'quem me tocou?''. Mas Ele olhava ao redor para ver quem fizera isso.

"Então a mulher, receosa e trêmula, cônscia do que nela se havia operado, veio, prostrou-se diante dele e declarou-lhe toda a verdade. E Jesus disse-lhe: 'Filha, a tua fé te curou; vai-te em paz e fica livre de teu mal.'"

"Aqui, Pastorino faz a observação de que não se trata mais de uma cura à distância, nem de uma cura por imposição das mãos, mas sim através do toque na sua roupa e realizada de surpresa para Ele. Imediatamente, o Mestre sente que de seu corpo saiu um jato de *fluidos magnéticos curativos*, atraídos pelo ímã da fé poderosa. A fé plasma a forma mental do que foi desejado. Instintivamente, indaga quem O tocou." ("A fé procura e o intelecto encontra" – De Trinitrate, XV, ii 2-3)

O duplo etéreo

"Nos corpos sutis, o duplo etéreo ou Etérico é a sede da energia vital, que tem por função básica a ligação do perispírito ao corpo físico. É o reservatório de vitalidade, necessário, durante a vida física, à reposição de energias gastas ou perdidas", afirma o biologista Jorge Andrea (*Psicologia Espírita* – Vol. II).

Este corpo etérico desintegra-se aproximadamente 72 horas após o desencarne. Ele funciona como um filtro das energias que chegam e saem do físico, protegendo o ser de cargas negativas que podem gerar desequilíbrios e doenças. Suas cores variam entre o cinza-azulado pálido e o cinza-violeta, levemente luminoso e tremeluzente. Projeta-se de 5 a 7 cm além da periferia do corpo físico, sendo o intermediário entre o espírito e o corpo físico.

Não raras vezes, ocorre de a pessoa sentir certo desconforto físico, uma dor que não consegue ser diagnosticada, mas que está lá; é sentida diariamente. Passam-se alguns meses e ela volta ao médico, relata novamente seu problema, faz novos exames e finalmente recebe o diagnóstico referente à dor, ou seja, agora a enfermidade aparece instalada. Por que essa pessoa sentia a dor antes de ser devidamente diagnosticada?

Porque ela já estava no seu duplo etéreo, ainda não havia chegado ao corpo físico, mas já era possível senti-la.

O trabalho de magnetismo visa a atuar justamente no campo energético, através do passe dispersivo, removendo os fluidos mórbidos, as formas-pensamentos negativas do campo emocional e mental. Posteriormente, é feito o passe de fixação de energias salutares para que o) consulente possa ter mais clareza mental, alívio nos seus processos dolorosos e também ser esclarecido quanto a sua postura diante da vida, que não está sendo positiva. A doença é sempre educativa, pois nos revela que algo não está indo bem, que estão sendo cometidos excessos nos corpos energéticos e, ao sobrecarregá-los, o corpo avisa, liga o alarme para que algo seja feito.

O processo que gera o desequilíbrio e o desgaste de energias tem início nos corpos sutis, campo mental e emocional, que, ao serem sobrecarregados, chegam ao corpo físico, já com a enfermidade instalada.

O duplo etéreo é composto por energias densas, semimateriais, ainda ocultas da visão humana, sendo responsável pela repercussão vibratória direta do perispírito sobre o corpo carnal. Esta comunicação é feita através dos chakras, que captam as vibrações do espírito e as transferem para as regiões correspondentes na matéria física.

Então é hora de refletir sobre o "tipo de vida" que o consulente está levando. Como está a sua casa mental? Como estão sendo trabalhadas as suas emoções? Está guardando ressentimentos, frustrações e mágoas? A mágoa é uma "má água" – água suja, que precisa ser limpa. Será que não está precisando se perdoar e, por consequência, perdoar alguém? Será que está sabendo lidar com os problemas, com as perdas? E os apegos? Onde está sendo relutante em mudar? O que necessita libertar, soltar e deixar ir? E assim seguem os questionamentos...

No passe magnético, este campo necessita ser harmonizado, o consulente deve sair do passe mais tranquilo e mais confiante, dentro do seu próprio merecimento e receptividade. Por isso, o tratamento espiritual não é feito uma vez só, tem que haver comprometimento, vontade de melhorar e disposição para mudar a situação, compreendendo a si mesmo, para poder tomar uma atitude mais positiva e harmônica.

Este tratamento espiritual não concorre com a Medicina terrena, aliás, torna-se indispensável que o consulente mantenha seu tratamento médico, faça seus exames e use os medicamentos que lhe foram receitados. O tratamento espiritual visa a esclarecer e a limpar o campo energético, fazer o consulente refletir.

A aura humana

A aura humana ou psicosfera é o envoltório energético (parece uma nuvem luminosa) que circunda o organismo humano, tanto dos encarnados como dos desencarnados.

É todo o conjunto: corpo físico, duplo etéreo, perispírito, corpo mental e Espírito = Espírito Encarnado.

Sua mobilidade e coloração, que possui variações infinitas, não são fixas porque possuem nuances, formas, brilhos, transformações e combinações com outras cores, e esses são os sinais que a distinguem.

Ela se estende conforme sua potência magnética, mental e espiritual por centímetros, metros e, em casos muito especiais, quilômetros. É modificada instantaneamente, à medida que os pensamentos são emitidos, sejam conscientes ou inconscientes. Diz Wenefledo de Toledo: "As vibrações de cores, que são produto das vibrações do homem, as identificam junto aos Mentores Espirituais".

As colorações do corpo astral ou perispírito são (tema transcrito do livro *Passes e Curas Espirituais*, de Wenefledo de Toledo, Ed. Pensamento):

Branco-azulado: Pureza, amor e caridade.

Azul e dourado: Sublimação do espírito (durante a meditação ou prece). Elevação moral.

Rosa: Afeição, amor, felicidade, ternura, alegria, bondade etc.

Vermelho: Paixões violentas, ódio, raiva, inveja, vingança, sensualidade, melindres, ciúme.

Alaranjado: Ambição e orgulho.

Cinza: Depressão, tristeza, egoísmo, mágoas e ressentimentos.

Cinza-claro: Medo, dúvida, vacilação.

Cinza-escuro: Hipocrisia, mentira, desgosto.

Preto: Maldade.

Estas vibrações de cores são produtos da vibração do homem, são sua ficha de identificação perante os Mentores e Protetores Espirituais. As colorações atestam o estado de ânimo e a posição evolutiva de cada um.

Obs.: **Dentro do perispírito, quanto mais a cor cinza estiver próxima do corpo físico, mais graves são o estado e o grau de ansiedade e maior é o impacto negativo sobre a saúde.**

A aura de uma pessoa enferma encontra-se com raios emaranhados e curvados, tem tonalidade escura e as correntes centrípetas (por fora) e centrífugas (por dentro) apresentam alteração no movimento circulatório da energia fluídica; assim como ocorre no desequilíbrio do centro mediano, ou seja, o corpo se desequilibra das linhas vertical e horizontal, ficando fora do eixo, o que resulta em tonturas, vertigens, dores de cabeça, ódio e psicopatia.

Observemos que a maioria das doenças são psicossomáticas; iniciam no corpo mental e emocional, e chegam a manifestar-se no corpo físico.

O comodismo, o sentimento de culpa, o vitimismo, a rigidez, o medo, os melindres, a fuga de si mesmo são condicionamentos. Para libertar-se, é necessário o autoconhecimento; reformular-se através do bem, do autoperdão e do perdão ao próximo.

É preciso aprender a amar-se e aceitar-se!

Nosso tempo é agora!

Ectoplasmia

Primeiramente, para definirmos Ectoplasmia, devemos conceituar ectoplasma e seus aspectos:

Definição de ectoplasma, por Charles Robert Richet (médico francês): *"Ecto = fora; Plasma = dar forma. Eram nuvens de substância esbranquiçada exalada do corpo de médiuns e que atuando sobre objetos pesados os movimentava".*

É o "fluido universal" ou "prana" elaborado pelo corpo do médium ou de outros seres, como animais, vegetais e/ou minerais, que pode contribuir para os fenômenos de Ectoplasmia. (baseado no livro *A Face Oculta da Medicina*, de Paulo Cezar Fructuoso, Ed. Instituição Lar de Frei Luiz)

Os médiuns de efeitos físicos se utilizam desta força nervosa/orgânica para propiciarem materializações de espíritos, deslocamento de objetos ou intervenções cirúrgicas etc.

Entendemos, para o caso em questão, que todo médium de cura é de efeito físico, mas nem todo médium de efeito físico pode curar, pois, para esta finalidade, os espíritos devem vir programados reencarnatoriamente com sua tela búdica transpassável para exsudação de ectoplasma com qualidades e quantidades aprimoradas e diferenciadas, em favor da caridade.

Ectoplasmia: é a capacidade que uma pessoa ou grupo tem de mobilizar o ectoplasma para diversas finalidades. Nosso Grupo de Eteriatria e Magnetismo, por exemplo, utiliza essa mobilidade com fins de cura caridosa e desinteressada.

Todas as pessoas absorvem, processam e exteriorizam energias de forma natural, consciente ou inconsciente, intencionalmente ou não, no dia a dia.

A criação de um campo ectoplasmático é relativamente fácil, em um recinto purificado energeticamente, higienizado e com pouca iluminação, com o simples objetivo de ser utilizado em atividade de assistência fluídica. Sendo assim, Mentores de várias correntes espirituais acorrem em auxílio e acompanhamento do grupo que tenha objetivos elevados.

Segundo a máxima da Homeopatia *similia similibus curantur* – semelhante cura semelhante –, o ectoplasma é a energia mais próxima e a que mais se assemelha ao estado materializado do corpo físico; por isso é natural o seu emprego terapêutico de cura.

Esta força semimaterial, reunida, ativada e direcionada pela vontade do médium e potencializada pela Espiritualidade Superior é que age no perispírito do consulente, na sua contraparte etérea, corrigindo distorções e defeitos, antes que eles venham, por descenso vibratório, atingir o corpo físico, materializando-se em forma de doença.

No nosso trabalho das terças-feiras à noite, somos amparados pela Falange espiritual nominada de "Povo do Oriente", que orienta nossos médiuns intuitivos sobre os tratamentos a serem ministrados aos consulentes.

"Trabalhamos de forma consciente e sem a incorporação de espíritos guias ou outros."

Antes de ser ministrado o passe, é feita a leitura da ficha preenchida pelo consulente, que nos indica qual é o motivo de sua procura pelo tratamento espiritual, relatando suas queixas físicas e mentais, dando-nos uma ideia de sua condição atual. Feito isso, iniciamos o tratamento adequado.

Os consulentes, por sua vez, são atendidos em macas e cadeiras, sendo três de cada, onde agimos com a ajuda da cromoterapia, e também com pêndulos e bastões de cristais, que nos auxiliam durante o tratamento. Então, é aplicado o passe terapêutico.

Várias macas e cadeiras do mundo astral/espiritual complementares são colocadas justapostas às do mundo físico para atender os espíritos necessitados de tratamento análogo ao do consulente encarnado. Esses espíritos foram recolhidos do submundo astral ou trazidos por seus guias, podendo também estar retidos nas malhas magnéticas das sessões de Gira de Umbanda, para se beneficiarem do tratamento.

Os consulentes que estão em tratamento, muitas vezes, também trazem junto alguns desencarnados que estão atuando em seu campo por "afinidade" vibratória, sentindo os mesmos desconfortos e ainda presos à sensação das enfermidades, sem saber que já desencarnaram. Estes, por sua vez, se já houver merecimento e estiverem receptivos a sua nova condição, com certeza são "desligados" do campo vibracional dos consulentes e também levados para tratamento e esclarecimento sobre a sua nova condição no Plano Espiritual.

Nós, médiuns, também nos dias de trabalho, de vez em quando, somos "brindados" com a companhia de alguns desencarnados, que os amigos espirituais "acoplam" em nosso campo para que possam fortalecer-se e também dar continuidade a suas novas condições. Por isso, o senso de percepção é importante: distinguir o que é nosso do que está momentaneamente atuante conosco, o que nos causa ligeiros desconfortos e sensação de peso. Ao término das sessões de cura, depois do desligamento e encaminhamento dos irmãos necessitados, passam as sensações de desconforto e os médiuns voltam a sentir-se bem.

Os espíritos que já têm merecimento e condições de aprendizagem são encaminhados à Enfermaria do Hospital do Grande Coração, localizada na Metrópole do Grande Coração – entidade que está acoplada a nossa Casa e que nos dá suporte e destinação final do nosso trabalho no mundo astral. Já aqueles que não atingiram a condição para tratamento são liberados no mundo astral para futuros processos reencarnatórios de aprendizagem ou são devolvidos aos seus locais de origem. (*A Vida Além da Sepultura*, de Hercílio Maes/Atanagildo, Ed. Conhecimento)

Cabe, então, aos consulentes físicos finalizar o tratamento comparecendo ao número de sessões que lhes foi recomendado.

Devemos ter em mente que só se curam aqueles que já estiverem prontos para serem curados e que a mediunidade e o médium são instrumentos do Plano Espiritual Superior para atuar em benefício do próximo.

Capítulo 2

A fisiologia do passe
Condições para o passe

... Viajando nos caminhos evangélicos, encontramos cenas inumeráveis, tanto do Cristo como de seus discípulos, impondo as mãos sobre os enfermos e curando-os, falando com os paralíticos e restabelecendo seus movimentos, olhando para as pessoas desorientadas e devolvendo-lhes a paz e a esperança, Jesus foi o Mestre, por excelência, nessa arte, e deixou para a humanidade esse recurso, como herança divina, e a Boa-Nova como disciplinadora dessas forças benfeitoras...
(João Nunes Maia/Miramez)

A fisiologia do passe

Podemos afirmar que o passe é uma transfusão de energias fisiopsíquicas, na qual o passista de boa vontade "cede de si mesmo" em benefício do consulente.

A aplicação do passe tem como finalidade auxiliar a recuperação de desarmonias físicas e psíquicas, substituindo os fluidos deletérios por fluidos benéficos; equilibrar o funcionamento de células e tecidos lesados; promover a harmonização do funcionamento da estrutura neurológica que garante o estado de lucidez mental e intelectual do indivíduo.

A cura verdadeira das doenças está relacionada ao processo de reajuste do Espírito, que pode extrapolar o limite de tempo de uma reencarnação, sendo o passe apenas um instrumento de auxílio, o que significa que, às vezes, a cura não é para esta vida. Ao receber o passe e fazer o tratamento, o consulente vai sendo preparado para olhar para o seu espírito, para introjetar a ideia de espírito imortal, em caminhada evolutiva. O corpo físico serve de mata-borrão, onde a enfermidade se instala e, caso o consulente venha a desencarnar, fica neste corpo toda a energia negativa, para que o espírito possa libertar-se de suas frustrações, dos morbos psíquicos, e siga em frente, livre do pesado fardo da matéria.

Não existem milagres, mas o auxílio espiritual é dado a todos os que buscam, porém depende de cada um, de sua crença e fé, de seu merecimento e de sua vontade de superar as dificuldades.

Quando não é possível a cura, torna-se necessário que o consulente procure viver com a enfermidade, tratando-a, não cometendo excessos e buscando mais qualidade de vida. Não é um processo fácil; como disse Jesus, *"a cada um é dado conforme as suas obras".*

Há três tipos de passes:

Passe magnético: sem transe, o magnetizador não fica mediunizado. Todavia, existe a assistência dos Guias Espirituais do Plano Astral, através da irradiação intuitiva.

Passe mediúnico: onde há incorporação do médium, aos moldes das sessões umbandistas de caridade.

Passe espiritual: ministrado pelos Guias Astrais direto no consulente na assistência. Todavia, é necessário um doador de fluido – ectoplasma – no ambiente próximo, pois os benfeitores não produzem fluido animal magnético.

Veja demais formas de apresentação na Umbanda no livro *Iniciando na Umbanda*, de Norberto Peixoto (Ed. BesouroBox, 2017).

Condições para o passe

Entendemos que a condição para o passe é sinônimo de segurança mediúnica! Portanto, estas são as chamadas regras básicas que devem ser observadas para que o médium seja um bom passista, visto que nem todo médium consegue trabalhar na área de cura. Alguns médiuns não sabem trabalhar sem a chamada incorporação; outros têm muitos vícios e sérias dificuldades em manter-se equilibrados neste trabalho sutil, mas que exige muita disciplina, caráter, boa vontade e doação. Explicaremos os tópicos da condição para o passe:

* Higiene física; roupa branca limpa.
* Alimentação leve e adequada – sem excessos.
* Meditação e oração.
* Estudo.
* Confiança em Deus.
* Pensamento harmônico: fluido leve para trabalhar com cura.
* Esforçar-se por eliminar vícios.
* Equilíbrio nas atitudes (senso de percepção).
* Evitar tocar o consulente.
* *Não deve dar passe* se estiver doente ou intoxicado.

O médium deve ter cuidado com sua higiene pessoal e suas roupas de trabalho, que devem estar sempre limpas. A higiene atrai energias positivas e é um ato de respeito para com a Egrégora Espiritual que o assiste, os demais médiuns e os consulentes que atenderá no trabalho mediúnico.

A alimentação também é muito importante, devendo ser evitadas carnes e comidas pesadas para que não se sinta cansado e sonolento no momento do trabalho mediúnico, com fluido denso que certamente atrapalhará o atendimento aos consulentes. Assim como se aconselha eliminar os vícios do fumo, visto que seu fluido fica impregnado com as toxinas da nicotina.

Na manhã que antecede o trabalho mediúnico, o médium deve elevar seus pensamentos, meditar solicitando o auxílio dos Guias e Falangeiros para que tenha um dia de harmonia para estar bem equilibrado na hora dos trabalhos e para que não ocorram os "famosos" imprevistos, dos quais o astral inferior, não raras vezes, se utiliza para desviar o médium de sua tarefa.

As carências, as fragilidades, a dificuldade de dizer "não", as inseguranças, o medo, os melindres, tudo é usado pelo astral inferior, porque eles estudam o médium, e de forma muito sutil vão minando sua mente e também causando atrasos das mais variadas ordens, para que ele não consiga chegar a tempo e trabalhar.

É perfeitamente compreensível que em determinados momentos seja necessário resolver assuntos pessoais, mas é preciso estar atento aos sinais de como, quando, onde e por que imprevistos ocorrem geralmente próximos ao horário de deslocar-se para o Terreiro de Umbanda e com que frequência.

O médium que cede sempre aos chamados "imprevistos" acaba por desistir da sua mediunidade com muita facilidade. Aquele que é persistente, que se esforça, acaba por vencer esses momentos de infortúnio e é finalmente deixado um pouco em paz, porque não se deixa abater; aí as dificuldades deixam de ser para chegar no trabalho e terão outro foco, como, por exemplo, família, compromissos no trabalho, viagens, saúde etc. Por isso, Jesus alerta para o "orai e vigiai"...

O médium que consegue chegar mais cedo no Terreiro para trabalhar tem mais tempo para harmonizar-se e observa que a sessão mediúnica para ele flui melhor. Os que não conseguem, chegam em cima da hora, têm mais dificuldade para deixar as atribuições do dia e custam um pouco mais para adquirir a calma e o equilíbrio necessários.

O estudo aliado à prática do trabalho confere maior confiança e facilita o intercâmbio com os Guias espirituais, porque, ao ser intuído, o médium sabe o que fazer e por quê: confiar em Deus e na Egrégora Espiritual que o assiste, ou seja, ter fé faz parte de sua segurança mediúnica.

Quando se fala em "senso de percepção", significa que o médium deve observar-se quando sente alterações de humor, mal-estares, irritação, raiva, dores (de estômago, de cabeça), náuseas etc. Quando começou, se foi no dia do trabalho mediúnico ou na véspera, e se tem realmente fundamento, ou seja, se está com problema de saúde; se discutiu ou se incomodou com alguém; se está magoado ou com algum problema de ordem pessoal que não está conseguindo resolver... Em caso contrário, a percepção está alterada, porque o Plano Espiritual já está atuando e o **médium sintonizou** com o problema do consulente que será atendido e, provavelmente, também com entidades que necessitam de atendimento e que **já estão próximas do médium**. Isso é o chamado *senso de percepção – saber o que é seu e o que é do outro*! Isso é muito importante, porque o médium é médium 24 horas por dia.

Quando ele percebe o que está acontecendo, sendo trabalhador no atendimento mediúnico, pode observar que alguns consulentes relatam os sintomas daquilo que percebeu antes, portanto, **após o término do atendimento, ele sente-se bem**, porque há o encaminhamento da(s) entidade(s); da mesma forma, **também o consulente** que recebeu o passe de energias salutares e o aconselhamento.

Observemos outra questão que envolve o trabalho mediúnico. **Durante o passe**, é muito importante que o médium **nunca deixe o consulente sozinho** para ir ingerir água *(sempre deixamos uma jarra de água próximo aos atendimentos – ver Capítulo 8, A água fluidificada). Mas por que ele deixaria o consulente para ingerir água?*

Porque alguns médiuns têm sensibilidade mais aflorada e muitas vezes, no momento do passe, sentem o desconforto do consulente e também quando há um obsessor no campo energético deste. Esses médiuns podem então ressentir-se desta energia negativa – o obsessor que muitas vezes não deseja estar ali ou outra entidade enferma que veio para ser tratada junto –, sentindo **aperto na garganta**, vontade de tossir, dor de cabeça, náuseas etc.

Por que isso acontece?

Porque médium e consulente ficam muito próximos fisicamente (frente a frente), havendo troca de energias entre ambos; os fluidos mórbidos, os miasmas e os pensamentos negativos que permeiam a aura do consulente **vêm à tona**, pois o passe visa justamente a **transmutar esses fluidos mórbidos em fluidos salutares**, e o médium, sendo sensível às energias, muitas vezes também sente odores fétidos emanados do duplo etéreo (por isso se deve dar o passe dispersivo na área gastrintestinal), o que lhe causa náuseas e dor de cabeça. Neste momento, o pensamento tem que ser firme, pedindo auxílio mentalmente ao Guia/Protetor ali presente, e não julgar, nem se envolver no processo do outro. O Plano Espiritual Superior está presente e sempre ampara e protege o médium que está firme em seu propósito de atendimento; ele então sente, observa, mas deve compreender que essas energias **não são suas**, então trabalha com confiança, mas não se envolve, ou seja, **doa energia salutar e não absorve**.

Isso é de suma importância, porque aquele médium conhecido como "esponja", que puxa tudo para si e não sabe transmutar, termina o trabalho muito cansado, pois, além de doar do seu próprio fluido, ainda absorve o que não lhe compete. Neste caso, é necessário educar a sua mediunidade, e cada dirigente deve avaliar se ele tem condições de trabalhar com a área de cura ou se deve ficar um tempo na segunda corrente, só no apoio, ou ter uma outra tarefa trabalhando no salão, na recepção dos consulentes e/ou na secretaria etc.

Nestes momentos, o médium tem que ter absoluto controle e equilíbrio; deve ministrar seu passe e não deixar que o consulente perceba a interferência em seu campo. Então, após o consulente sair, ele vai recompor-se ingerindo água, fazendo uma prece e entregando ao Plano Espiritual Superior o que não lhe pertence. Por isso, reforçamos trabalhar também a questão dos vícios, porque emitem fluidos tóxicos e recebem dos consulentes que fumam ou que fazem uso do álcool os mesmos fluidos mórbidos. Dá muito trabalho ao Plano Espiritual Superior desintegrar essas energias deletérias. Trabalho mediúnico requer postura e consciência!

Quando o médium está com problemas de saúde, desequilibrado e com pensamentos negativos, sente-se desorientado, nervoso, fez uma refeição que não digeriu bem, está literalmente intoxicado... Ele **não** deve trabalhar no passe! Fica, então, na segunda corrente ou na assistência e deve conversar com o dirigente do trabalho, avisando que não está em condições no momento. Por quê?

Como já explicamos, ao ministrar o passe, médium e consulente ficam próximos fisicamente (frente a frente), com o consulente unido à energia do médium que não está boa porque ele também está em desequilíbrio... Observemos que "quando há merecimento do consulente", os Guias Espirituais "isolam" a energia negativa do médium e atuam em prol do consulente, mas isso não deve se tornar uma constante, portanto, é necessário que o médium trabalhe o seu senso de percepção e seja honesto consigo mesmo.

É indispensável o atendimento à corrente mediúnica, ou seja, aos médiuns trabalhadores da Casa, realizando-se rotineiramente sessões internas de Umbanda, pois entendemos que o médium tem que estar saudável e bem para poder atender a assistência e feliz com a tarefa abraçada junto à espiritualidade.

Temos também estudos e um olhar atento ao que chamamos de "autoconhecimento", porque entendemos que a Umbanda é visceral – você tem que lidar com as suas dificuldades e libertar-se para poder aconselhar o outro... e a Umbanda vai nos burilando sempre. Quantas vezes o médium trabalhador tem que conversar com um consulente sobre o mesmo problema que ele está passando... Às vezes, nem ele sabe como resolver no dia a dia, mas tem que orientar e confortar; pode ser uma dificuldade financeira; um problema sério de saúde; o desemprego; o desencarne de um ente querido; a Síndrome do Ninho Vazio, quando os filhos saem da casa dos pais; uma separação; problemas com drogas; alcoolismo etc.

A Espiritualidade sempre traz aquilo que necessitamos em nosso benefício, porque é desta forma que vamos mudando e percebendo que só podemos aconselhar quando estamos também dispostos a enfrentar as mudanças com coragem, com ânimo, e que isso é possível porque *tudo passa* e nos fortalece!

O aprendizado é diário, portanto, devemos observar sempre como estamos nos sentindo e o que estamos necessitando para obter equilíbrio e bem-estar. Nosso momento é aqui e agora, porque o ontem já se foi e amanhã será outro dia.

No momento do passe, deve-se "evitar tocar o consulente" para não ser invasivo; não aproximar muito as mãos de seu rosto. Pessoas que são carentes devem ser tratadas com respeito, mas de forma a não se tornarem dependentes, solicitando atendimento para os mesmos assuntos com frequência; essas pessoas devem ser encorajadas a ter mais autoconfiança, porque todos têm capacidade.

Quando o nosso corpo não guarda ressentimentos, os pensamentos tornam-se mais claros, as emoções positivas e a saúde perene.

Capítulo 3

O consulente – chegando na Casa
O objetivo das palestras
O passe coletivo na assistência
O tratamento

*Para que o corpo fique bem,
É preciso começar curando a Alma!*
(Platão)

O consulente – chegando na Casa

O trabalho espiritual inicia bem antes de o consulente adentrar no portão do terreiro em busca de respostas para o seu momento atual de vida.

Os Falangeiros destinados às tarefas caritativas já estão em franco trabalho, visto que os desencarnados também são trazidos para atendimento e para escutarem a palestra – se houver.

Acoplados ao salão da assistência material, há vários aparelhos que servem para o amparo dos consulentes e que não são vistos a olho nu, pertencentes à contraparte astral de cada templo umbandista. Grande parte dos atendimentos espirituais é realizada, enquanto os consulentes estão acomodados nas cadeiras, muitas vezes acompanhados de familiares ou amigos que também podem ser atendidos, mesmo sem terem consciência disso, desde que haja merecimento. Como isso pode acontecer? É muito simples, o familiar vem junto, de boa vontade, está ali sinceramente no acompanhamento, doando-se. Se mantiver seu pensamento elevado, receptivo, certamente se beneficiará das energias salutares que são emanadas no ambiente pelos amigos espirituais, sem interferência em seu livre-arbítrio.

Este primeiro aporte energético e socorro espiritual no salão acontece enquanto aguardam, por isso é de suma importância que o consulente mantenha seu pensamento elevado e harmônico.

O consulente, ao chegar na Casa para o trabalho de Eteriatria e Magnetismo, geralmente vem por indicação de um amigo ou familiar, ou ainda por orientação das Entidades trabalhadoras nas Engiras de Umbanda.

Ele então é recepcionado já no "portão de entrada" da Casa, com algumas orientações básicas quanto aos procedimentos durante a sua permanência. É importante observar que o portão ao qual nos referimos não se trata apenas de um portão físico. É uma analogia que permite compreender quem pode entrar e permanecer dentro do perímetro da área de trabalho, seja encarnado ou desencarnado. Há que considerar que existe um duplo espiritual. Em verdade, a parte material é consequência do lado de lá. Muitas entidades estão fixas na Terra e se comportam como se fossem encarnadas e tivessem um corpo físico, têm fome, sede, estão perturbadas.

Todo o ambiente é preparado para facilitar este momento de interiorização, para que o consulente permaneça o mais confortável possível, objetivando minimizar as suas inquietações e inibir a de terceiros.

Orientamos e lembramos sempre que, desde o momento de entrada, todos já estão recebendo atendimento, portanto, manter-se em silêncio e receptivo é muito importante para o bom andamento do tratamento com magnetismo. O silêncio também é uma oração.

O objetivo das palestras

Auxiliar no autoconhecimento, convidando à reflexão, no intuito de ampliar a consciência sobre as questões da vida.

Instigar a vontade de repensar alguns atos, questionar hábitos e rotinas; esclarecer sobre a responsabilidade de cada um quanto ao que almeja e também ao que traz internamente neste momento, por vezes difícil, que está atravessando em sua vida.

O trabalho espiritual *tem por prioridade esclarecer sobre a vida espiritual*, ou seja, que somos espíritos momentaneamente, durante esta encarnação, habitando um corpo de carne no qual precisamos evoluir.

Muitos irmãos desencarnados também estão presentes para se instruírem e se fortalecerem em sua nova condição de vida, aprendendo a adaptar-se e também preparando-se para o trabalho espiritual do lado de lá, assim como nós, médiuns, trabalhamos do lado de cá.

A maioria das pessoas vive num automatismo, sem perceber quem é realmente e sem saber o que está fazendo aqui.

E então vão se acumulando negatividades e insatisfações por anos a fio, pois todos acham que a vida é assim e pronto!

As dificuldades existem e estão aí para serem superadas, e isso só é possível quando se pensa e se descobre que a essência "é um espírito imortal" que já viveu antes e que continuará existindo, mesmo depois de deixar o corpo carnal... Isso faz uma grande diferença em nossas vidas!

Esta mudança interna de conscientização vai se dando aos poucos, à medida que vamos trabalhando internamente o autoconhecimento e passamos a ouvir mais a voz do coração.

Os temas que podem ser abordados nas palestras são os mais variados: saúde, mediunidade, espiritualidade, comportamentos diante da vida, temas sobre a Umbanda, os Orixás e o Evangelho do Cristo.

A reflexão abrange as leis espirituais da vida, a responsabilidade, o livre-arbítrio, a generosidade, a justiça cósmica universal, a misericórdia, a compaixão, o perdão, o autoamor. Lembrando que, quando o médium prepara sua palestra, ele primeiramente está falando para si mesmo aquilo que está precisando compreender ou fazer naquele momento; por exemplo: se decide falar sobre a paciência, provavelmente é porque anda inquieto e impaciente... É assim que vamos nos burilando e trabalhando internamente.

E muitos consulentes se identificam e comentam que a palestra foi feita para eles...

O passe coletivo na assistência

Após a palestra, o mesmo médium que a proferiu conduz uma pequena meditação para harmonizar, equilibrar e ampliar as energias necessárias para o trabalho a seguir.

É feita uma mentalização conduzindo a formação de três cilindros de luz, nas cores verde, azul e violeta, sendo ministrado um cilindro de cada vez sobre os consulentes no salão, pelos médiuns da corrente que se posicionam em número de quatro junto ao palestrante e os demais atrás no final do salão às costas dos consulentes. Os cilindros "descem" em direção aos consulentes numa contagem de um, dois e três.

Após a mentalização dos cilindros de luz, o passe é ministrado pela Falange de São João Batista, ao cantar o seu ponto da Linha do Oriente.

Em seguida, os médiuns reúnem-se no terreiro para dar início aos trabalhos, efetuando a prece inicial e chamando os primeiros consulentes para receberem o passe individual.

O tratamento

O Terreiro é preparado previamente para o atendimento da noite. Ali ficam dispostas três macas e três cadeiras. É importante ressaltar que o atendimento é o mesmo, diferenciando-se apenas o tipo de acomodação, conforme a necessidade de cada consulente, por exemplo: dificuldade de locomoção e movimento; pessoas idosas; gestantes já perto do parto e crianças; hipertensão e problemas cardíacos; epilépticos etc.; estes geralmente são atendidos nas cadeiras.

Embaixo das macas e cadeiras são dispostos os cristais que atuam terapeuticamente. Utilizamos também o recurso da cromoterapia (veja no Capítulo 7 a sua aplicação e também a dos cristais). Para cada maca ou cadeira dispõem-se dois ou três médiuns, sendo que, a cada atendimento, um deles conduz o trabalho, havendo revezamento entre eles. Todos trabalham juntos, da mesma forma.

O consulente que já está em tratamento informa como passou a semana e presta informações sobre consultas, exames etc.

Ao final do atendimento, todas as informações relevantes são anotadas na ficha para acompanhamento do caso, tendo em vista que a cada semana o consulente poderá ser atendido por outro grupo.

Por fim, é recomendado ao consulente que retorne ao seu lar e que, ao deitar, coloque ao lado da cama um copo com água, efetue uma prece para que ali seja colocado pela espiritualidade todo o fluido necessário para a sua recuperação e equilíbrio. Na manhã seguinte, ainda em jejum, ele deve beber a sua água fluída, fazendo uma prece de agradecimento.

Atendemos os mais variados casos: cardíacos, renais, vasculares, neurológicos; cânceres, tuberculose, Mal de Parkinson, fibromialgia, problemas de fígado e pâncreas; artrose e artrites; reumatismo; gastrites e úlceras; problemas de coluna; recuperação pós-cirúrgica e também aqueles que estão com cirurgia já pré-agendada e querem atendimento espiritual antes de realizá-la.

Todos os nossos atendimentos são presenciais. É importante esclarecermos que, preferencialmente, a aplicação do magnetismo seja feita junto ao enfermo. Obviamente, este procedimento pode ser feito à distância, pois para os espíritos não existem barreiras físicas. Todavia, para o nosso propósito de canalização e direcionamento dos fluidos para o organismo enfermo, especialmente impondo as mãos nas partes do corpo físico onde estão localizados os tecidos mórbidos, são imprescindíveis a presença e a proximidade com o magnetizador. Reflitamos que raramente Jesus curou à distância. A maioria dos relatos de cura do Mestre foi com imposição de mãos na presença do enfermo.

Capítulo 4
Os chakras e suas funções
Os Orixás e os desequilíbrios na saúde

*Vosso corpo é a harpa de vossa alma, cabe a vós retirar
dele música melodiosa ou ruídos dissonantes.*
(Kahlil Gibran)

Os chakras e suas funções

Chakra é uma palavra sânscrita que significa roda ou disco giratório. O formato e o movimento deste centro de força lembram funis de energia, onde giram estruturas em forma de pétala, que a literatura indiana classifica como "flor de lótus". Possuem um caule central que faz a ligação energética à coluna vertebral e ao sistema nervoso.

Esses "vórtices esféricos" são conhecidos como "os sete chakras principais", localizados sobre o duplo etéreo, agindo como receptores e emissores de energia, sendo também neutros. No corpo físico dão vida à nossa atividade por meio das glândulas endócrinas. Acessar e trabalhar terapeuticamente nos chakras equivale a trabalhar no ponto onde se processa, no homem, a transição físico-energética.

Existem inúmeros chakras, e também sistemas baseados em mais de 300 pontos de energia (acupuntura e *shiatsu*), mas o número mais usado para se compreender as ações da rede energética sutil no corpo é o sete.

A maioria das fontes sobre os chakras concorda com o fato de que as cores mudam conforme as emoções se alteram, e que a qualquer momento podem parecer opacas, obscurecidas ou brilhantes.

É muito usado o sistema arco-íris nos sete chakras, do cóccix ao alto da cabeça: vermelho, laranja, amarelo, verde, azul (anil) ou violeta, e violeta ou branco.

Quando alguém se encontra equilibrado e perfeitamente integrado, todos os chakras se abrem e a aura assume a **cor branca, que é a combinação de todas as cores.** Pelos chakras superiores, recebemos a energia do corpo luminoso e do Todo; pelos chakras inferiores, recebemos a energia da Terra.

Quanto mais energia harmônica fluir, mais saúde haverá. Pensamentos positivos, boas ações, realizações e bem-estar contribuem para uma vida equilibrada e estável em todos os sentidos.

O desequilíbrio dos centros de força, ou a obstrução de seu fluxo energético, gera doenças; as percepções ficam distorcidas, ocorre interferência nos sentimentos, tornando-os negativos, instalando angústias e insatisfações que, muitas vezes, podem ser inconscientes, mas que acabam afastando, portanto, a serena alegria de viver.

Por isso, o senso de percepção de si mesmo, diário, é muito importante, porque o corpo fala conosco, mas nós somos, na maioria das vezes, surdos a este chamado, ignorando que os processos se iniciam nas outras dimensões do nosso ser, ou seja, no campo mental e emocional, e quando estão "saturados", eclodem no campo físico, para que possamos, por meio de um sintoma, correr em busca de uma solução, de preferência imediata, esquecendo completamente que somos "energia condensada na matéria", que temos total responsabilidade pelo que nos acontece, visto que alimentamos em nosso campo de energia os mais variados tipos de desequilíbrio, desde pensamentos, sentimentos, atos, alimentação inadequada etc. Também significa que existe alguma situação de vida com a qual não estamos conseguindo lidar.

Os chakras são alinhados sempre que necessário. É possível a utilização da cromoterapia e dos cristais para suporte ao magnetizador. No entanto, seria necessária uma obra à parte sobre os procedimentos, métodos e finalidades da aplicação prática de ambos. Nossa intenção aqui é transmitir apenas o básico, tecendo noções gerais e introdutórias sintetizadas. Sugerimos a continuidade e o aprofundamento nos estudos de cada agremiação que adote técnicas holísticas terapêuticas no trabalho de passe magnético. Ao final deste livro, indicamos uma sólida bibliografia para a formação de grupos de estudos que objetivem a capacitação dos passistas e magnetizadores da corrente mediúnica.

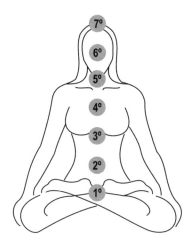

7º Chacra Coronário: Eu entendo

6º Chacra Frontal: Eu vejo

5º Chacra Laríngeo: Eu falo

4º Chacra Cardíaco: Eu amo

3º Chacra Plexo Solar: Eu faço

2º Chacra Sacro ou Umbilical: Eu sinto

1º Chacra Básico: Eu sou

Primeiro chakra – Básico (Muladhara) – Eu sou!

Cor: vermelho – ativa o mecanismo motor em níveis mais densos; quando **purificado**, aparecerá o branco ou branco ultravioleta, a cor de seu respectivo raio.

Nota musical: dó.

Glândulas: gônadas – inclui as glândulas reprodutoras masculinas e femininas.

Está localizado entre as pernas, na articulação sacrococcígea. Sua faixa estende-se dos joelhos até a altura dos ovários.

Inclui a musculatura das coxas, problemas sexuais, genitais, útero, trompa, ânus, hemorroidas. Fertilidade, distúrbios menstruais. Problemas sanguíneos. Está associado ao sentido do tato, ao movimento, à vontade de viver, ao pisar firme no chão, à matéria física, à segurança, à força e à solidez. Energia masculina, princípio da ação, iniciativa; ser capaz de se lançar. Plantar e fertilizar!

Fazer escolhas, o que realmente quer e o que deseja eliminar de sua vida; busca da realização, o que pressupõe energia, entusiasmo, decisão e persistência.

Em desequilíbrio, provoca desânimo, estafa física, falta de coragem, de decisão, dificuldades de escolha. Pode trazer a sensação de não "pertencer" a lugar nenhum, e de que está completamente sozinho no mundo.

Está relacionado a questões de sobrevivência, o que gera o medo de não ter o suficiente, em que necessidades próprias, como alimento, vida sexual, segurança e sensação, são iminentes. Está muito presente o medo que se origina do fato de não acreditar em sua própria capacidade, o que dificulta atingir suas metas.

Este chakra requer forte estimulação para sentir-se vivo; não dá muita importância à estética, ao comportamento social ou à espiritualidade. O indivíduo está completamente envolvido pela experiência do elemento terra, por isso aprecia alimentos condimentados, de difícil digestão, e sente muito sono.

Para atuar na limpeza e no reequilíbrio deste chakra, é recomendável que se use violeta ou violeta esbranquiçado; lilás. Por quê? Porque a cor vermelha é muito densa e estimulante e, no caso de indivíduos inflamados, pode aumentar seu grau de irritação. Nesta situação, deve ser usada a energia de sedação.

Utiliza-se o vermelho para indivíduos enfraquecidos e com desânimo, que necessitam de energia. Porém, deve ser ministrado o vermelho esbranquiçado, aos poucos, vibrando no "quantum de energia" que é capaz de absorver para recuperar o equilíbrio e o bem-estar.

Observemos que as pessoas costumam vibrar no excesso de energia (irritação, raiva, materialismo exacerbado, muita tensão, energia densa); ou então na escassez de energia que resulta em vontade fraca, desânimo e pessimismo; falta de perspectiva e de sonhos a realizar; medo. Portanto, para equilibrar esta energia, é recomendável que seja ministrada aos poucos a energia mais violeta esbranquiçada para **transmutar os excessos** e o vermelho também esbranquiçado para **dar ânimo e restaurar a vontade** de realização pessoal, propiciando que o chakra volte ao seu movimento normal.

Segundo chakra – Sacral ou Umbilical (Svaddhisthana) – Eu sinto!
Cor: laranja – o chakra **purificado** refletirá tons de rosa.
Nota musical: ré.
Glândulas: suprarrenais – perto ou sobre o rim. Também está relacionado com o pâncreas, o fígado e a região do estômago.

Localiza-se na região do umbigo. É o chakra da reprodução, da sexualidade, da curiosidade e do prazer material.

Podemos considerar como indo do ovário até a cintura, incluindo todos os problemas de intestino, rins, bexiga, ovários, região lombar (muscular ou coluna), hérnias de disco; herpes e doenças sexuais. Nas mulheres, problemas de ovários, endometriose, infertilidade, problemas menstruais e também tumores ou câncer. Nos homens, está relacionado aos problemas de impotência e de próstata, assim como o câncer nesta região.

Neste chakra, o indivíduo trata dos assuntos relacionados ao cotidiano, os problemas diários: imprevistos, aborrecimentos, pequenos atrasos etc. Esses acontecimentos acabam por impedir a fluidez do campo de energia porque impedem a ação imediata, dificultando as escolhas. Portanto, geram irritação, devido ao atrito entre o desejo de ir adiante e o obstáculo, o que causa uma "descarga" energética negativa, um sintoma de alerta que tem fundo emocional e resulta em queda de pressão; dor de cabeça; dor de estômago etc. Para lidar com esse tipo de situação, é preciso ter "jogo de cintura", ou seja, flexibilidade e a compreensão de que o que não foi possível ser feito hoje, certamente será feito amanhã.

Apresenta-se, neste chakra, a necessidade de compartilhar, trabalhar as parcerias; ser cocriador; vivenciar com o outro emoções e sentimentos, mas é imprescindível experienciar em si mesmo enquanto ser emocional, sensível; usar a criatividade e sentir-se útil.

Trata da capacidade de dar e receber; mas, se a sua capacidade estiver bloqueada, a intensidade da experiência buscada será de prazer e de dor; música muito alta; alimentos bem condimentados; necessidade de 10 horas de sono aproximadamente.

Sentimentos de inadequação, insegurança, medo do parto ou receio de não saber criar e educar os filhos; sentimentos de aversão ou de culpa relativos à sexualidade ou às preferências sexuais; baixa autoestima, tudo isso causa dificuldades de posicionar-se e tomar decisões práticas e firmes, fazendo com que o indivíduo se sinta vitimado e discriminado por sua cor, raça, sexo; inclui também o medo da pobreza e da escassez.

O pano de fundo da desarmonia é o medo, uma coisa natural, que todo ser humano tem, mas que quando toma proporções maiores, acaba por paralisar e até gerar pânico; portanto, o que precisa ser trabalhado é a intensidade do medo, assim como os processos de culpa! Sabemos que mudar dói, mas é necessário, é como podar os galhos de uma planta que já estão secos, mas retirando a sua vitalidade. Insistir em relacionamentos afetivos ou profissionais destrutivos, cheios de mágoas e ressentimentos, não leva a lugar nenhum.

Mas, a partir do momento em que se compreende que "tudo passa", que "tudo está no lugar certo como está", e que tais experiências são necessárias para o aprendizado e o amadurecimento emocional, ocorre o fortalecimento, e a **coragem é o antídoto do medo**. Desta forma, o indivíduo assume as rédeas da própria vida, passa a tomar atitudes de acordo com o que realmente deseja e torna-se mais criativo e parceiro, porque **compreende que a caminhada é solitária**, mas Deus, em Sua sabedoria e misericórdia, nos dá a oportunidade de escolher aqueles que trilharão o caminho conosco, no aqui e agora, no aprendizado do amor.

Diz Zulma Reyo: *"A natureza deste Chakra é semelhante à da água – desde a de oceanos em fúria até lagos plácidos, semelhantes a espelhos. A tendência do indivíduo será mais orientada para a preservação e também visa ao planejamento do futuro. Este Chakra é regido pelas forças do sétimo raio: a atividade que gera e reestrutura a própria matéria".* (*Alquimia Interior*, Ed. Ground)

Terceiro chakra – Plexo Solar (Manipura) – Eu faço!
Cor: amarelo – os raios que o alimentam são o rubi e o dourado, a coloração do sexto raio.
Nota musical: mi.
Glândulas: baço/pâncreas – sistema digestório.
Está localizado na área do estômago; vai da cintura até logo acima do estômago, incluindo todo o aparelho digestivo e respiratório. Relacionado com a vitalidade, o saber, o aprender, o comunicar.
O indivíduo em que este chakra funciona bem é cheio de saúde! As entidades obsessoras que conhecem as funções deste centro de força colocam-se às costas do encarnado para sugar sua vitalidade, vampirizando-o.
Apresentam-se desequilíbrios como fumar demais, beber, comer pouco ou demais; necessita de alimentos que forneçam energia imediata, como café, chá, açúcar, álcool, e também uso de drogas. A média de sono é de oito horas.
Pode acarretar dificuldades de posicionamento, trabalho, realização pessoal e ganhos. Este é o chakra do poder, do poder pessoal, do verdadeiro poder que emana da consciência do Ser. Possibilita lições de controle, provenientes da experiência de dominação e submissão.
O indivíduo vai aprender a lidar com o sentido de cooperação e com o equilíbrio entre a atividade e a passividade; sucesso. A alegria e a felicidade também estão presentes quando há harmonia, bem como a energia do entusiasmo e do alto astral; carisma.

Pessoas inseguras, que não sabem o que são, apresentam um desequilíbrio na energia deste chakra, que se manifesta sob a forma de autoritarismo, de abuso do exercício deste falso tipo de poder.

O elemento associado é o fogo, assemelhando-se a ele em sua atividade e totalidade.

Como o ponto de partida sempre somos nós, quanto mais consciente o indivíduo for de quem realmente é, mais clareza terá para a realização de seus desejos, alimentando seu mundo pessoal através da sua luz, porque, como o sol que representa este chakra, emite harmonia e apresenta a capacidade de trabalhar no que gosta, tendo por consequência prosperidade e abundância em sua vida.

Já aqueles que têm dificuldade de dizer não, de posicionar-se diante da vida, que têm vontade fraca, provavelmente terão problemas neste chakra na área física, visto que *"aquilo que o nosso cérebro não compreende, o estômago não digere"*, portanto, é bom ficar bem atento porque, quando o estômago começa a enviar, através da má digestão, o sinal de que algo não vai bem, significa que o indivíduo está saindo do rumo, afastando-se do que realmente deseja.

Há um ditado antigo que diz: *"Escute o seu coração, mas também o seu estômago"*, porque, se sentir angústia e o estômago se contrair ao tomar uma decisão, significa que ela está errada ou que vai errar, porque ali não há certeza, decisão, mas sim hesitação, medo e insegurança! No que se refere à mediunidade, este campo energético se ressente quando absorve as energias negativas dos médiuns invigilantes durante os atendimentos, o que provoca náuseas e mal-estar. Este centro de força deve sempre, durante o passe, ser bem trabalhado nos consulentes, devido ao acúmulo de alimentos e também de alguns medicamentos que, muitas vezes, provocam efeitos colaterais, embotam o campo mental e o discernimento quando usados em excesso ou por tempo prolongado.

Quarto chakra – Cardíaco (Anahata) – Eu amo!
Cor: rosa e verde.
Nota musical: fá.
Glândula: timo – sistema circulatório; nervo vago. O timo é responsável pelo funcionamento adequado do sistema imunológico.

Está localizado na altura do coração, inicia no alto do estômago e se estende até a altura das axilas.

Neste centro de força tratamos da afetividade, começando pelo afeto a mim mesmo, para que posteriormente possa oferecer e receber de outras pessoas e criar laços de amor e amizade.

Mestre Jesus falou: *"Amarás ao Senhor teu Deus de todo o teu coração, de toda a tua alma, e de todo o teu entendimento!"*.

Esse é o maior e o primeiro mandamento. O segundo é semelhante: *"Amarás ao teu próximo como a ti mesmo!"* (Mateus 22:34-40).

Quando Jesus se refere a amar ao próximo como a si mesmo, não é nem mais nem menos, é da mesma forma, e amar a si mesmo não é de forma egoísta, mas como Centelha Divina, é Autoamor! Aceitando-se, com ternura e compreensão. Para ser amado, o Ser, em primeiro lugar, tem que gostar de si, tem que estar bem consigo mesmo, o que lhe trará facilidade em expressar-se e promover harmonia no ambiente em que vive. A vontade individual gera um senso de impecabilidade e criatividade, apresenta-se um sentimento de nutrição e sustento dentro de si mesmo e de irradiação dessa qualidade aos outros.

Neste chakra, podemos tratar do resgate e também estabilizar todos os âmbitos da afetividade.

Seu elemento é o ar, sua leveza e amplidão. Estão presentes o amor incondicional – *"amor que não impõe condições para que exista"*; a compaixão, a misericórdia, a alegria, a empatia e a liberação dos julgamentos e dos preconceitos; a autoestima.

A cor das funções purificadoras deste centro de força é rosa; a cor verde trata da força equilibrante, harmoniosa. Ao trocarmos um abraço, estamos emitindo e recebendo essas energias harmonizadoras e curativas, sem palavras, apenas num gesto que aconchega e envolve o outro.

As pessoas que vibram neste padrão de consciência têm hábitos alimentares mais simples, e seu período de sono é de mais ou menos nove horas.

Em desequilíbrio, encontraremos as angústias, as tristezas, a depressão, a falta de amor e a solidão. Vários padrões de medo se apresentam, como o de amar e se envolver em um relacionamento afetivo que pode não dar certo ou não ser correspondido; de enfrentar uma separação ou viuvez após muitos anos de casamento e ver-se recomeçando sozinho; desenvolver amarguras e ressentimento porque sente que não pode perdoar ou perdoar-se.

Às vezes, a pessoa pode sentir-se paralisada, porque já não sabe mais como relacionar-se. Sente-se insegura e tem dificuldade de dar e receber afeto. Quando há a sensação de vazio existencial, ela pode ser expressa na superficialidade, na hipocrisia e, em alguns casos, em tendências suicidas.

Por outro lado, também existem pessoas que sofrem de carência afetiva, criando padrões de relacionamentos que não são gratificantes ou são abusivos; que estão com alguém com quem não gostariam de estar, porque querem ter sempre uma companhia – o que acaba gerando raivas e amarguras. Os traumas e sofrimentos acabam por criar uma "congestão emocional" que se reflete no corpo físico, que reage a essas tensões, somatizando as mais diversas enfermidades: as mais comuns são problemas no coração, incluindo paradas cardíacas; arritmias; artérias bloqueadas; asma; alergias; problemas de pulmão, incluindo câncer; problemas nos brônquios; pneumonia; problemas circulatórios e dores na parte superior da coluna e nos ombros.

Quinto chakra – Laríngeo (Vishuddha) – Eu falo!
Cor: azul-claro.
Nota musical: sol.
Glândula: tireoide – garganta.

Está localizado na área do pescoço, das axilas até os ouvidos, incluindo os ombros, braços, mãos, axilas (parte superior), garganta, tireoide, voz, coluna cervical, nuca, boca, dentes, maxilar, face, ouvidos.

Este é o chakra da "comunicação", o que se "expressa", o que inclui o dar e receber, a aceitação.

Sempre que uma pessoa sente vontade de chorar, o primeiro sintoma é de "um bolo na garganta", que se fecha e chega a doer; portanto, a capacidade de expressar-se através das lágrimas está intimamente relacionada com este centro de força. As pessoas que não choram, ou que têm muita dificuldade para chorar, estão com este centro bloqueado.

Encontramos aqui também a chamada "tensão nos ombros", a dificuldade de dizer "não", o que pode muitas vezes ocasionar torcicolo, ou seja, não poder mexer a cabeça, acenando negativamente. A comunicação nos ambientes, interagir com os outros, a própria articulação entre várias questões da vida, como se entrelaçam a cabeça, o espírito, o sentimento, o sexo, o pensamento e a atitude. O que está funcionando bem neste contexto e o que não funciona; aquilo de que se abre mão, a tensão gerada nas escolhas, o que não é expresso (engolir sapos) e o que se manifesta como estresse, desgaste.

Quando este centro de força se encontra harmonizado, confere uma voz bela, harmoniosa e melodiosa.

Sua função fisiológica superior é a de transmitir a ideia por meio da fala. Como a palavra cria, temos em sua manifestação verbal um desejo realizado. Muito utilizado na alquimia, por meio da invocação e do uso de palavras de poder, o que inclui os mantras, os cânticos religiosos e as rezas em voz alta. A palavra aqui é comando!

A cor deste raio é o azul, o poder da vontade, da fé, de recriar as mais elevadas intenções. Rejuvenescimento e longevidade.

Não devemos esquecer que *pela boca entram os alimentos e saem as palavras*; por isso, precisamos ter consciência dos alimentos que ingerimos e contribuem para uma vida mais saudável e daqueles que intoxicam e pesam na digestão, dificultando e alterando o metabolismo; os pensamentos ruminantes e negativos; a falta de expressão através do choro ou das lágrimas; o ficar calado quando deveria expressar seus sentimentos e suas convicções; as palavras carregadas de insatisfações e a negatividade que acabam propiciando enfermidades e desequilíbrios da mais variada ordem. Neste contexto de desequilíbrio do quinto chakra, podem ocorrer vertigens, anemia, alergias, asma, fadiga, hipertireoidismo ou hipotireoidismo; faringite, laringite e problemas nas cordas vocais.

Sexto chakra – Frontal (Ajna) – Eu vejo!
Cor: azul-índigo.
Nota musical: lá.
Glândula: pituitária; sistema nervoso.

Este centro de força localiza-se na altura dos olhos e é conhecido como Terceiro Olho – visão, clarividência ou visão hiperfísica. Sua faixa de abrangência segue dos ouvidos até o alto da testa. No corpo físico, rege a glândula pituitária, o lado esquerdo do cérebro, os ouvidos, o nariz e o sistema nervoso em geral. Em desequilíbrio, inclui todos os problemas de visão, sinusite e rinite; dores de cabeça; mal de Parkinson; esclerose múltipla e também osteoporose, que deve ser tratada junto com o chakra de base (sola dos pés). Dificuldade de enxergar as situações; desenvolvimento espiritual. Abertura de canal.

É o centro da personalidade integrada e controlador das glândulas do sistema endócrino. No espectro das cores, sua cor primária é o verde, mas a cor espiritual é o azul-índigo, que cura, ativa, estimula todas as faculdades relacionadas ao frontal. A **cor violeta** também pode ser usada para equilibrar este chakra.

Se não houver equilíbrio deste chakra, a comunicação torna-se intelectualizada ou ilógica, desenvolvendo muito medo com relação ao futuro; sensação de estar solto no espaço, com a memória fraca, faltando ordenação e planejamento na vida.

Os medos que podemos relacionar a este centro de força referem-se ao medo da introspecção, de olhar para si mesmo.

Medo de mexer nos processos de cristalização, na rigidez diante da vida, o que bloqueia as habilidades intuitivas; sensação de ser incapaz intelectualmente.

Adentramos no caminho da compreensão, da clareza. Clareza no sentido de raciocínio e também de captação e percepção em um nível mais amplo, intuitivo, de canalização. Ocorre a integração dos aspectos direito e esquerdo da personalidade, visto que rege a inspiração intuitiva e a visão interior, o desenvolvimento da confiança nas percepções, sensações e emoções, como antecedentes às explicações do raciocínio, ou seja, a intuição e os *insights*.

A comunicação neste centro de força se dá no seu sentido mais profundo: a verdade íntima, a fluidez e a lucidez.

Sétimo chakra – Coronário (Sarashara) – Eu entendo!
Cor: predomina o violeta, mas o **branco** e o **dourado** estão presentes. Nota musical: si.

Glândula: pineal; cérebro.

Este centro de força rege a glândula pineal; a porção superior do cérebro; o sistema nervoso, o sistema muscular, o esqueleto e a pele.

Encontramos aqui a chamada percepção sutil, a capacidade de perceber com clareza os caminhos a serem trilhados a partir de um ponto de vista acima do que se opõe à frente; o ponto de equilíbrio, a calma de se saber o que se é. Este é o chakra da transcendência, da plenitude, da espiritualização. As energias atuantes aqui são muito delicadas, o que exige um grau alto de integridade, pureza e inocência pessoais. A integração do espírito com a matéria, de forma consciente, o que proporciona o "estado de graça"; a compreensão da unidade da vida.

Este chakra é muito pouco utilizado em seu aspecto integral de conexão do espírito com a matéria – ele é ativado pelo segundo raio, o da sabedoria, ação e percepção. A cor que vibra neste chakra é o violeta, mas o branco está presente, com os seus mais variados matizes, visto que possui implícitas as sete cores do arco-íris, as quais são as cores de todos os chakras. O branco simboliza a pureza, a transcendência. Já no que se refere ao dourado, é a cor do halo de luz que circunda a cabeça de Cristo e dos Santos, que simboliza sua espiritualidade desperta. A sabedoria e a perfeita harmonia e equilíbrio deste centro de força!

Em desequilíbrio, no caso de hiperatividade, o indivíduo poderá fantasiar e obter um sentimento de controle, assim como a ausência de fé; dificuldades de percepção e conexão; problemas mentais mais profundos, psicopatias e a chamada "loucura".

Lembramos que o pensamento negativo diminui a força vital do ser. Atitudes são ímãs e semelhante atrai semelhante, o que significa que permanecer por muito tempo em atitudes negativas e de pessimismo diante da vida bloqueia o fluxo energético de saúde e equilíbrio físico, mental e emocional. Isso é resultante de uma má vontade de crescer e de mudar para se ajustar aos desafios da vida.

"Os tipos de doenças que podem resultar desses padrões de negatividade são disfunções do sistema nervoso, paralisia, problemas genéticos, problemas ósseos, incluindo câncer nos ossos e doenças degenerativas do tipo esclerose múltipla e esclerose lateral amiotrófica (ELA)."

Muitas vezes, observamos em nosso trabalho a necessidade de alinhar os chakras dos consulentes no momento de ministrar o passe direcionado ao tratamento da saúde, o que realmente auxilia na recuperação. Utilizamos pêndulos de cristal ou de madeira para verificar a atuação deles, ou seja, se estão bloqueados, lentos ou acelerados.

Os chakras são energias sutis que se desestabilizam com muita facilidade, de acordo com a carga energética que recebem. Para equilibrá-los, também é necessário que o indivíduo se harmonize com pensamentos positivos, serenidade, alimentação mais saudável e atitudes sadias. As boas ações, ou seja, ser útil para si e para o coletivo, visto que vivemos em rede, unidos no inconsciente coletivo no processo evolutivo planetário, também são fundamentais. Além disso, a prática de meditação diária, mesmo que poucos minutos por dia, silenciando a mente e percebendo-se como "ser integral" ciente de suas escolhas, é de suma importância.

O consulente também deve participar ativamente de seu tratamento –o chamado "dever de casa" –, sendo orientado à reflexão diária de seu comportamento, questões pessoais e vida cotidiana. Deve observar, logo após o início do atendimento, como foi e como se sentiu durante a semana, o que poderia mudar ou acrescentar ao seu modo de ser e agir. Deve também informar se fez consultas médicas, exames e como está se sentindo.

Em resumo, os chakras, em perfeito equilíbrio, nos ensinam que devemos ter a seguinte conduta para manter o bem-estar e a saúde:

Primeiro/Base – *"Seja o que tem de ser"*.
→ Vou agir com a minha intuição, com o meu coração e com a minha vontade!

Segundo/Umbilical – "Receba tudo o que quiser da vida".
→ Vou sustentar aquilo que eu vi mesmo que o outro não tenha visto. Sustentar no interno. Se for a minha vontade, eu quero.

Terceiro/Plexo solar – "Faça o que tem de fazer nesta vida".
→ Busque e aprofunde esta energia – Expectativas e anseios.
Limpando as raivas, os medos e as teias do corpo etéreo.

Quarto/Cardíaco – "Desabroche e doe todo o amor a seu corpo e alma".

→ Eu irradio conscientemente o amor em mim mesmo, recebo, me autonutro, expando a tudo o que me cerca.

Mantra: *"Eu sou amor, eu dou amor, eu aceito amor, eu acredito em amor, eu estendo o amor. Estou sempre me tornando amor".*

Quinto/Laríngeo – "Expresse o seu ser na existência através de sua palavra criadora".

→ Poder do verbo. Expresso para fora de mim – me faço presente –, ocupo meu espaço.

Sexto/Frontal – "Sinta e harmonize todos os seus humores e ritmos do seu corpo".

→ Perceber além das limitações da visão pessoal.

Sétimo/Coroa – "Irradie a luz Universal da consciência para cada célula do seu corpo".

→ Irradiar toda a Luz que vem do meu Eu Superior (Ori). A beleza.

Os chakras são alinhados sempre que necessário, sendo possível a utilização de cromoterapia e cristais para suporte ao magnetizador. No final do livro, indicamos várias obras de referência que podem auxiliar na formação de grupos de estudos que objetivem a capacitação de passistas e magnetizadores da corrente mediúnica.

Os Orixás e os desequilíbrios na saúde

Os Orixás têm influência direta em nossa vida, visto que são aspectos de Deus, energia pura em descenso vibratório. Atuam em determinados pontos de força da Natureza: matas, pedreiras, cachoeiras, rios e mares. Influenciam nossa personalidade **sempre de forma positiva com suas qualidades e atributos**, mas o ser humano ainda não consegue viver em harmonia consigo mesmo, nem com a criação divina, portanto, ainda não vibra nas qualidades divinas, e sim nos aspectos opostos, ou seja, a negatividade.

Quando alguém alimenta sua alma com energias desqualificadas, geram-se enfermidades que repercutem em seu corpo físico ao longo da vida, e a pessoa permanece, muitas vezes, passiva diante do quadro que cria em sua existência diária, acreditando que a vida é assim.

"O que fazer?", questiona-se. "Deus é que sabe..."

Então, mantém-se absolutamente à parte, como se os outros tivessem a obrigação de resolver os problemas que **ela própria** criou com sua conduta perante a vida. Não compreendendo que a mudança é interna e não percebendo que está fora de sintonia com sua alma, acaba adoecendo. Mas, em seu íntimo, tende a sentir com frequência a necessidade de ir a esses campos de força da Natureza para realinhar-se e se conectar com o bem-estar de sua alma, o que se traduz em uma sensação plena de bem-estar quando adentra na mata e respira o ar puro; o mesmo acontece ao tirar os calçados e pisar na grama ou na areia, ao tomar banho de cachoeira e de mar, com a água forte a banhar e limpar as mágoas e ressentimentos, tirando o cansaço físico e emocional.

O ser humano precisa compreender que estas energias benéficas e amorosas estão dentro de si e que pode acessá-las sempre que necessário.

Assim, quem tem afinidade com a Umbanda sente a necessidade de comparecer a um rito e de se aconselhar com os Caboclos, Exus e Pretos Velhos! As Falanges de Espíritos trabalhadores na Umbanda vêm enfeixadas nas energias vibracionais dos Orixás. Para compreender melhor a atuação desses Falangeiros Espirituais, citamos como exemplo:

* Os Caboclos de Ogum, com sua altivez e postura, educam ensinando que todos são capazes, que devem ter força suficiente para suportar as vicissitudes da vida e seus desafios com força de vontade e fé.

* Os Caboclos de Oxóssi têm sua "flecha certeira", são os conselheiros orientando a ter foco, meta, discernimento e equilíbrio nas escolhas diárias, que é preciso saber esperar o momento certo para agir.

* Já as Falanges dos Pretos Velhos vêm com sua psicologia escutar as dificuldades e o choro dos consulentes com serenidade, paciência e humildade a nos ensinar que a evolução não dá saltos. Tudo na vida tem uma razão de ser e um tempo certo para acontecer. Tudo passa! Ensinam o autoamor para desenvolver a paciência com os processos de amadurecimento e mudanças internas. Fazem a limpeza com a energia dos Orixás da água, muitas vezes, quando secam as lágrimas durante os aconselhamentos.

* Há também os Pretos Velhos mandingueiros, que desmancham demandas que são escoadas para transmutar na terra, sob a égide de Omulú, levando as mais variadas enfermidades e trazendo o restabelecimento do equilíbrio e da saúde.

* Com relação aos Orixás, quando o ser humano vibra em desequilíbrio com a energia cósmica que está atuando, seja por escassez ou excesso desta, acabam por impactar em seu corpo físico as mais variadas enfermidades, visto que a energia do Orixá está também correlacionada com os centros de força (chakras).

O caminho correto é o do meio, ou seja, o da **moderação**. A falta de conhecimento de si próprio (autoconhecimento) e das leis morais da vida faz com que, diariamente, as pessoas tenham pensamentos carregados, sombrios, e vivam em um ritmo completamente alterado, vibrando em ansiedade, receios e excesso de preocupação. Isso não permite que sequer pensem em fazer uma pausa para refletir sobre seus reais sentimentos e serenar a mente para encontrar as respostas que necessitam para solucionar seus problemas, o que acaba se refletindo no automatismo e no distanciamento de si mesmas.

Pensando diariamente dessa forma, o indivíduo, quando sabe quais são os Orixás que regem seu Ori (cabeça) – Orixá de frente e adjunto –, geralmente afirma, por exemplo: "Ah! Eu sou filho de Ogum, portanto, não levo desaforo para casa. Estou sempre com a espada na mão, tenho sangue quente!".

No entanto, ele esquece que Ogum representa as lutas interiores, o vencer a si mesmo para tornar-se um ser humano melhor (a representação de vencer o dragão), a força e a coragem para superar as dificuldades, e também a elegância. A força de Ogum representa os caminhos que necessitamos trilhar na vida, caminhos esses que, por vezes, fechamos por imprudência ou imaturidade. É o sangue correndo nas veias, a criatividade, a capacidade de encontrar soluções, a firmeza, a força de vontade e a fé.

O ânimo é de Ogum, já a anemia (falta de ferro, que é o elemento deste Orixá) é a falta (escassez) deste Orixá na vida – falta vontade de viver. Há uma desconexão de si mesmo com relação à vida. O ser fica solto. Não sabe dizer a que veio. Não tem objetivos claros.

Se, no exemplo citado, o indivíduo tem Ogum na frente, ele pode ter um Orixá de Água no adjunto, completando a regência do Ori, por exemplo, Oxum.

Quando Ogum tem influência do elemento água, que é fluidez, ameniza a energia de luta e se harmoniza com determinação, mas também com mansidão, ou seja, é firme, mas manso em seu posicionamento na vida.

Portanto, lidar também com a energia de Oxum em seu lado mais amoroso, doce e suave é adquirir maturidade emocional. Oxum também tem por atributo o acolhimento e o amor incondicional; é psicóloga por natureza.

O Orixá Oxum também tem por regência a gestação não só de outro ser humano, mas também a gestação de ideias, fazer planos, ter objetivos em longo prazo.

Mas o que geralmente acontece é a vibração no lado mais negativo do ser, em oposição à qualidade original deste Orixá; daí as fofocas, a superficialidade, a falta de escrúpulos etc.

Seria correto buscarmos internamente as energias de mais amorosidade e compaixão, mais paciência para lidar com as próprias dificuldades. Se nasceu com Ogum e Oxum em seu Ori, é porque essas qualidades devem ser trabalhadas nesta encarnação. Os desafios serão muitos, visto que ainda estamos em processo de construção interior, lutando por vencer as más tendências, e o que vai nos ajudar é a "expansão da consciência", a reflexão interna do que está sendo criado como padrão de vida, as crenças e os valores e o quanto eles podem ser limitadores e equivocados. Procuremos nos libertar destes padrões de rigidez e acolher o merecimento e a aceitação de mais amor e leveza na vida. As forças contrárias são os chamados agentes de transformação, para aprendermos a dizer sim, termos postura proativa na vida e realizarmos o propósito que nos foi conferido.

Vamos estudar a relação dos Orixás com os centros de força (chakras) e as enfermidades que se apresentam nos casos de escassez ou excesso dessas energias, ou seja, quando estamos desequilibrados.

Oxalá
Tem por forte atributo **a fortaleza, a temperança**. Estabelece a ligação com a espiritualidade e leva ao despertar da fé, à compreensão do "religare" com o Cristo Interno.

Oxalá, em essência, é a quietude, a mansidão e a paz interior. A paz de ser o que se é. **Oxalá é o pai de todas as cabeças, portanto, quem não sabe qual é a sua regência, pode orar para Oxalá.**

Na parte emocional, possui tendência a desenvolver melancolia. Corresponde ao **sétimo chakra (Coroa)** – o chakra da transcendência. A capacidade de lidar com as situações sem se deixar levar por elas, conforme as palavras de Jesus: *"Esteja no mundo, mas não seja do mundo"*.

Relaciona-se a problemas do sistema nervoso, a doenças degenerativas (por exemplo, esclerose múltipla) e também a problemas cardiovasculares, ósseos e mentais.

Yemanjá

É a mãe de todas as cabeças. Quem ainda não sabe qual é a sua regência, pode orar para Yemanjá, que rege a todas as pessoas.

Tem por atributos a união, o zelo, o aconchego e o amor.

Pode apresentar distúrbios renais que acarretam prejuízos na pressão arterial pela regência do elemento água – sempre que o emocional não flui, ocorre perda de identidade, ou seja, o indivíduo não sabe a que veio, o que está fazendo aqui nesta encarnação. Somatizam-se, então, no corpo físico os distúrbios e as cristalizações.

Na correlação com o **sexto chakra (Frontal)**, ocorrem as disfunções neurológicas; também cegueira, surdez, ataques epilépticos e outras disfunções emocional-mentais, além de dificuldades no aprendizado. Doenças nervosas em geral e dificuldade de enxergar situações. Fobia a lugares fechados. Rinite alérgica ou asma.

Os pontos fracos são as glândulas suprarrenais e o aparelho reprodutor. Ansiedade e nervosismo. Dores de cabeça devido à tensão. Neste chakra encontra-se a clareza, tanto de raciocínio como de compreensão das mensagens de outras dimensões; a canalização, a intuição.

Xangô

Orixá da justiça do coração, da sabedoria e do entendimento das leis de ação e reação, da nobreza de caráter. Relaciona-se com a nossa capacidade de comunicação, de nos fazermos entender, com a diplomacia, a persuasão e o convencimento. Nesses atributos, vibra com mais intensidade no **quinto chakra (Laríngeo)**, o centro energético do homem no tocante a tudo que exige a sua fala – oralidade (expressão). Xangô também nos remete aos problemas do sistema cardiovascular, aos problemas de pulmão, incluindo câncer; pneumonia, hérnia, hipertensão, estresse e ansiedade. Problemas de coluna e tensão nos ombros. Rigidez. Correlação com o **quarto chakra (Cardíaco/glândula timo)**. Nas questões emocionais, inclui o medo de amar. Aqui é o centro da afetividade. A pessoa que vive bem consigo mesma promove harmonia e equilíbrio em seu ambiente.

Como a porta do coração abre de dentro para fora, a *"chave do conhecimento tem que virar sabedoria"*...

Xangô é o poder de realização da Lei Divina! Estar em harmonia com todas as coisas e seres criados por Deus. Ser justo e bom – os atributos do Homem de Bem.

Oxum
É o Orixá do amor incondicional, da fertilidade, da concórdia.

Apresentam-se os distúrbios ginecológicos, atingindo o útero, os ovários e as trompas. Possibilidade de depressão. Estresse emocional. Gosto refinado. Mas também guardar mágoas e não esquecer uma ofensa ou traição, o que desequilibra o **chakra cardíaco**.

Orixá do elemento água. Agarram-se às lembranças do passado. A cor verde é utilizada em todos os casos de cura; simbolicamente, é a cor do coração, o qual faz pulsar vitalmente todas as nossas funções.

Iansã
Possui como atributos o movimento e a mudança, flexibilidade. Está relacionada às doenças do sistema cardiorrespiratório, como angina e dores no peito, também asma e bronquite. Sendo do elemento ar, Iansã está ligada a **todos os chakras**, mas com ênfase no **cardíaco**. Propicia a higienização mental, a fluidez de raciocínio, o talento artístico.

Estão presentes também a impulsividade, a impaciência e a culpa. Domina os ventos, os raios e as tempestades tanto da Natureza como do interior do ser.

É necessário, então, resgatar a serenidade e a alegria de viver!

Ogum

Apresentam-se o bom combate e a vitória sobre si mesmo. A força de vontade e a fé. Ogum representa o caminho e o próprio caminhante. A franqueza e a transparência nas intenções.

Relaciona-se aos problemas do sistema nervoso, o que torna seu aparelho digestivo mais sensível. Problemas nas articulações: braços, pulsos e mãos. Artrite, úlceras e todos os problemas relacionados ao estômago, além de problemas intestinais, pancreatite, problemas de fígado, inclusive hepatite. Disfunções nas glândulas suprarrenais, náuseas e gripes.

Relacionado ao **terceiro chakra (Plexo Solar)**. É o centro da intuição que orienta a **atividade diária** da vida humana. Envolve o medo de assumir a responsabilidade por si mesmo, por suas necessidades, compromissos, finanças e pensamentos, atitudes e ações. Dificuldade de se libertar do controle da expectativa dos outros. Inclui todo o aparelho digestivo e respiratório. A respiração significa encontrar e viabilizar os caminhos para o que se é neste mundo.

Em equilíbrio, representa a alegria e a realização pessoal.

Oxóssi

O caçador de almas. O conselheiro. Aquele que contempla, que possui dons artísticos. O pioneiro.

Oxóssi, conhecido como "Caçador de Almas", faz analogia com Jesus, o "Pescador de Almas", aquele que propicia o autoconhecimento e a transformação interior. Aquele que desperta o curador interno de cada um.

Referem-se doenças do fígado, úlcera e gastrite. Podem ocorrer problemas na garganta – cordas vocais/ligação com Touro-signo, que rege a garganta. Ligado ao **segundo chakra (Umbilical)**, inclui todos os problemas de intestino, rins, ovários, região lombar (muscular ou coluna). Dificuldade de lidar com o cotidiano por não gostar de rotina.

O impasse da pessoa perfeccionista que quer fazer tudo porque alega que os outros não fazem certo. Não gosta de delegar nada e então se sobrecarrega.

Este chakra está ligado à doação de ectoplasma.

Oxóssi, além de caçador, também é provedor do sustento, é o Orixá da saúde, junto com Ossain, tanto no que se refere ao físico, como ao espiritual. É o perfeito equilíbrio do ser. Conhecido como o "Caçador de Almas", é aquele que impele o Homem ao autoconhecimento e à transformação. O conselheiro, "aquele que tem uma flecha só", o foco e o discernimento; indicando, portanto, a necessidade de fazer a escolha certa.

Este Orixá também nos remete à oralidade, à capacidade de comunicação dos aconselhadores e mestres, ao poder de síntese e didática dos professores, à empatia e ao senso arguto de observação dos instrutores da humanidade, vibrando também no chakra laríngeo (quinto chakra).

Nanã Buruquê
Corresponde à lentidão nas reações motoras e mentais. Retenção de líquidos. Orixá da calma e da misericórdia. Relembra nossa ancestralidade mítica, o momento em que fomos criados em espírito.

Nanã foi o Orixá que entregou o barro a Oxalá para que o ser humano fosse moldado em corpo físico. Ligada ao **primeiro chakra (Básico)** e também ao **sétimo chakra (Coronário)** pela sua energia sutil, Nanã é a Grande Mãe, a que conduz os espíritos desencarnados ao mundo espiritual, aconchegando-os em seus braços. Sem pressa para a realização, o tempo não a aflige, por isso Nanã nos ensina que a evolução não dá saltos. Benevolência e gentileza são seus atributos.

Nanã é o Orixá da experiência de vida; seu ponto de força está fixado na nascente das águas profundas que nascem no interior da terra; e na lama – água com terra –, assim podemos dizer que neste ponto se une ao Orixá Omulú, que é o "Senhor da Terra", para que o indivíduo possa fazer a transformação interior; voltar-se para o lar interno, o espaço sagrado do ser que necessita ser constantemente limpo das energias negativas absorvidas da vida cotidiana; da mania de se vitimizar, dizendo que tudo é por causa dos outros, do externo.

Sempre que a porta é aberta, as energias entram, portanto, é de bom termo ouvir mais a si mesmo e preocupar-se menos com a opinião de terceiros. Isto é praticar o autoamor, que é cuidar de si, percebendo-se em sua totalidade como ser divino criado por Deus.

Observar onde estão os bloqueios que impedem uma vida mais serena e feliz – os apegos, os ressentimentos, a solidão, a rigidez, os arrependimentos, os medos e as culpas, a rejeição e as discórdias. As carências afetivas e a sensação de abandono são energias representadas de forma simbólica na lama em putrefação, que tem cheiro ruim. Mas é na lama que cresce a flor de lótus, com suas pétalas belíssimas e seu perfume inconfundível.

Nem toda lama cheira mal, pois existem as medicinais – compostas de argila, que possui estes dois componentes: terra e lama. O conhecido "banho de lama" para tratar as doenças de pele e articulações; remover a febre; extrair as impurezas do organismo, purificando-o.

Precisamos compreender que é impossível passar pela vida sem ter experiências e sem superar dificuldades, dores e perdas. O oposto do sofrimento é a felicidade. Eles andam juntos, um faz parte do outro, visto que em nosso planeta tudo é dual: o dia e a noite, o sol e a chuva, o doce e o amargo, o sim e o não etc.

Nas palavras do chefe Seattle, da nação Sioux, *"tudo quanto fere a terra, fere também os filhos da terra"*.

A lama é necessária para que a flor de lótus possa desabrochar; assim acontece com todos, precisando ir fundo na lama interior, observar, refletir, deixar ir o que não serve mais e acolher a mudança. De que forma? Admitindo que esteja acolhendo dores e sofrimentos que ainda não foram trabalhados e compreendidos por falta de maturidade emocional.

O processo de cura inicia-se quando se resolve deixar que corpo e mente andem juntos. O corpo também fala conosco, mas permanecemos surdos aos seus apelos.

Por isso, o sofrimento torna-se o professor, aquele que muitas vezes faz o corpo parar para que possa cessar a tagarelice mental e finalmente se resolva ouvir e perceber. É nesse momento que, ao voltar-se para dentro, para acolher o ser de forma integral, ou seja, o espírito milenar que habita por ora este corpo físico, compreende-se que a flor tem seu ciclo, que ela precisa murchar e voltar a ser adubo, transforma-se ao acolher a amorosidade, o perdão por si mesmo e pelo outro, dando espaço ao novo, à mudança para que, neste renascimento, o amor por si mesmo brote em uma nova flor de lótus perfumada! Este é o caminho da evolução pelo autoconhecimento e pelo desapego. É necessário compreender que "*a felicidade não é uma posse concreta, é um estado de espírito*" (Daphne Du Maurier).

Omulú
Traz a saúde! "O Senhor da Terra"! A energia solar! É o mesmo Obaluayê!

Omulú corresponde à nossa necessidade de compreensão de Karma, de regeneração, de evolução, de transmutações. Elemento terra – aqui e agora! É o Orixá da Misericórdia.

Como diz a canção:
O Velho é o dono do tempo
Não para nunca de andar
E todo o peso do mundo
Carrega em seu Xaxará.

Omulú é o dono do tempo, conhecido como o "Senhor do Karma". Orixá da transformação – libertação de crenças e valores antigos. Representa o renascimento. É necessário então matar o velho para que o novo se instale.

Omulú é um Orixá que ainda não é bem compreendido em sua verdadeira atuação como curador. Ao contrário do que se pensa, Ele não traz a doença, e sim a leva embora. Absorve em seu corpo todas as formas-pensamentos desqualificadas, miasmas e enfermidades, deixando o ser livre dessas energias negativas e, portanto, restaurada a sua saúde.

Há um mito que diz que, numa festa de barracão dos Orixás, Omulú estava escondido observando tudo através da cortina. Ele não tinha a intenção de se mostrar por ter em seu corpo as pústulas retiradas dos enfermos. A guerreira Iansã viu Omulú e decidiu que ele deveria participar da festa, porque conhecia a sua verdadeira identidade. Ela, então, traz Omulú para o meio do salão e rodopia ao seu redor, fazendo muito vento. A palha da costa levanta, e surge uma luz ofuscante, a luz do Sol. A pura luz de Omulú. Suas pústulas se transformam em faíscas luminosas e "saltam" para fora como se fossem pipocas. Omulú mostrou-se o mais lindo dos Orixás e festejou no barracão até o raiar do dia. Simbolicamente, este mito nos ensina que a vida quando premiada com a saúde é uma alegria. Temos o dever de nos relacionarmos uns com os outros liberando-nos de processos internos, recalques, medos, traumas, que bloqueiam nossa bem-aventurança e são fatores causadores das mais diversas moléstias. O relacionamento social saudável pressupõe o "dançar junto"; estarmos em comunhão com o ritmo de cada um em prol de uma mesma orquestra, todos imbuídos de serenidade e paz de espírito.

Omulú é o símbolo também do Sol, do brilho e da cura. Este grande Orixá atua no trabalho de magnetismo e de cura!

A união de Nanã Buruquê com Omulú faz a decantação do negativo, na junção da água com a terra, a lama. Transforma para que haja um novo amanhecer.

Ele está presente nos leitos de hospitais e ambulatórios. Em todas as enfermidades, sua invocação pode aliviar e trazer a cura, dentro do merecimento de cada um. Com relação ao **chakra Básico**, referem-se os problemas de musculatura das coxas, problemas sexuais, varizes, hemorroidas, distúrbios menstruais, problemas sanguíneos. Desânimo, estafa física. Este centro está relacionado ao nosso querer, tomar a iniciativa e ter atitude. Nossa capacidade de entrar na vida.

Não é possível afirmar quanto tempo levará para se obter a "cura" do físico, nem se poderá ser curado nesta atual encarnação. O desafio é o de continuar persistindo no tratamento da doença durante o tempo que for necessário para aprender a enfrentar a situação que a causou. Porque também é necessário curar os corpos espirituais junto, visto que as somatizações se iniciam nos pensamentos e sentimentos desqualificados e desarmônicos.

O Espírito Emmanuel, nos elucidando sobre as doenças, informa que *"Podemos encontrar múltiplos significados para as moléstias: a moléstia amparo, a moléstia refúgio, a moléstia proteção, a moléstia socorro e a moléstia abrigo. E elas impelem nossa queda no desequilíbrio do sentimento".*

Capítulo 5

Anatomia e fisiologia humana
Conhecendo o nosso corpo: medicina tradicional chinesa

*Seu corpo está sempre lembrando que você é carne.
Entretanto, todas as noites, durante o sono, Deus
apaga a sua consciência carnal
para mostrar que você não é corpo.
Você não é onda, mas o oceano por trás da onda.
 Você não é essa consciência mortal, e sim
a Consciência Imortal por trás dela.*
(Paramahansa Yogananda)

Anatomia e fisiologia humana

Quando o médium tem conhecimento sobre anatomia e fisiologia, tem melhores condições de atuar no trabalho mediúnico e facilita o intercâmbio com os Guias Espirituais, porque compreende bem o que está intuindo no momento do atendimento, o que também facilita muito ao entrevistar o consulente sobre o motivo que o trouxe para o tratamento espiritual.

Relacionamos a seguir algumas noções básicas de fisiologia, para que os médiuns passistas de cura possam localizar e saber em qual órgão há necessidade de aplicar os fluidos magnéticos de forma mais intensa ou simplesmente efetuar a dispersão.

Sistema circulatório

O sistema circulatório é controlado pelo **coração**, que bombeia o **sangue** para todo o corpo através dos **vasos sanguíneos**. O sangue transporta oxigênio e nutrientes (substâncias essenciais) para todos os tecidos e remove produtos residuais e dióxido de carbono.

O **coração** é um órgão muscular oco, localizado no centro do tórax (entre os pulmões), com a ponta inferior voltada para o lado esquerdo. Pesa cerca de 300 gramas e mede aproximadamente o tamanho da própria mão fechada.

Na **circulação sanguínea**, o átrio direito recebe sangue venoso através de três veias: veia cava superior (traz sangue das partes do corpo acima do coração), veia cava inferior (traz sangue das partes do corpo abaixo do coração) e seio coronário (sangue do próprio coração).

O átrio direito envia o sangue venoso para o ventrículo direito, que o bombeia para os pulmões. Nos pulmões, o sangue venoso libera seu dióxido de carbono e absorve oxigênio. O sangue oxigenado (arterial) é transportado ao átrio esquerdo.

O sangue arterial passa, então, ao ventrículo esquerdo, que o bombeia para a artéria aorta, que se ramifica e transporta o sangue a todas as partes do corpo.

A **pressão sanguínea** é a pressão exercida pelo sangue nas paredes de um vaso sanguíneo.

Na medicina tradicional chinesa, o coração é responsável pelo sentimento de alegria. Se a energia não estiver fluindo normalmente, os sentimentos que aparecem são falta de alegria, pena, mágoa e angústia.

Sistema linfático

O sistema linfático faz parte do sistema circulatório. O ser humano está produzindo lixo a todo momento. As células realizam seu metabolismo e despejam para o meio intersticial suas excretas. Esses subprodutos acumulam-se com água, bactérias e células mortas, gorduras, entre outras substâncias fora da célula. Para que esse material não fique acumulado, o sistema venoso recolhe a maioria, porém substâncias mais tóxicas, moléculas muito grandes ou de gorduras não são recolhidas por esse sistema, e sim por um sistema especial: o linfático. As substâncias intersticiais que não foram recolhidas pela circulação venosa passam para a circulação linfática, formando a linfa. Durante seu trajeto pelos vasos linfáticos, a linfa passa pelos gânglios linfáticos para ser filtrada e ter sua toxicidade reduzida. Após esse trajeto (em direção ao coração), os vasos linfáticos conectam-se com as veias e a linfa, que já está menos tóxica, passa para a circulação venosa.

As estruturas que fazem parte do sistema linfático são: vasos linfáticos, tonsilas, timo e baço.

O baço, na medicina tradicional chinesa, é responsável pelo sentimento de reflexão. Quando a energia está estagnada, o sentimento de preocupação se manifesta, podendo evoluir para uma obsessão.

Sistema urinário

Ao metabolizar os nutrientes, as células do corpo produzem resíduos – dióxido de carbono, excesso de água e calor. Além disso, o catabolismo das proteínas produz impurezas nitrogenadas tóxicas, como amônia e ureia. Íons essenciais como sódio, cloreto, sulfato, fosfato e hidrogênio tendem a acumular-se em quantidade excessiva.

Todos os materiais tóxicos e o excesso de materiais essenciais devem ser excretados pelo corpo, de modo que a homeostase seja mantida.

A principal função do sistema urinário é auxiliar na homeostase, controlando a composição e o volume do sangue. Ele faz isso removendo e restaurando quantidades selecionadas de água e solutos.

Órgãos do sistema urinário

* **Rins:** os rins pareados são órgãos avermelhados em forma de grão de feijão. Eles se situam logo acima da cintura, contra a parede posterior da cavidade abdominal, protegidos pelas costelas flutuantes. Cada rim é revestido por uma cápsula fibrosa, que é circundada por uma cápsula adiposa. O néfron é a unidade funcional dos rins. O sangue entra no rim através da artéria renal e sai através da veia renal.

Funções dos rins: excreção de resíduos (excesso de sais e toxinas); equilíbrio hídrico; equilíbrio ácido-base (pH); regulação da pressão sanguínea; regulação das hemácias (libera eritropoietina – EPO –, hormônio que estimula a produção das células sanguíneas vermelhas). Segundo a medicina tradicional chinesa, os rins são responsáveis pelos sentimentos de alerta, responsabilidade e vontade. Se a energia não estiver fluindo normalmente, a insegurança e o medo aparecem.

* **Ureter:** é um tubo muscular liso, que une os rins à bexiga. É capaz de contrair-se e realizar movimentos de peristalse, conduzindo a urina dos rins até a bexiga urinária.

* **Bexiga:** é uma bolsa de tecido muscular situada posteriormente à sínfise púbica e que funciona como reservatório de urina antes da micção. A micção é o ato pelo qual a urina é expelida pela bexiga urinária.

* **Uretra:** constitui o último segmento das vias urinárias e é descrita como integrante do sistema genital também. É um tubo intermediário que estabelece a comunicação da bexiga com o meio exterior. A uretra masculina é uma via comum para a micção e a ejaculação, enquanto a uretra feminina serve apenas para a excreção da urina.

O volume de urina é influenciado pela pressão sanguínea, pela concentração do sangue, pela temperatura, pelos diuréticos e pelas emoções.A urina normal tem seu pH em torno de 6,0 e seus constituintes normais são: água, resíduos nitrogenados, solutos (ureia, creatinina, ácido úrico), eletrólitos (sais e íons) e pigmentos. Seus constituintes anormais são: glicose, albumina, cetonas, leucócitos, cilindros, cálculos renais e micróbios.

Sistema esquelético

Osteologia é a ciência que estuda os ossos. O esqueleto humano é formado por 206 ossos e tem como função a sustentação do corpo; a proteção de diversos órgãos; a movimentação do corpo, juntamente com os músculos; a produção de células sanguíneas; a reserva de minerais (cálcio).

Sistema articular
Artrologia é o estudo das articulações.
A articulação é uma região de contato entre os ossos.

Sistema muscular
O sistema muscular é formado pelos músculos do corpo. Os músculos são estruturas formadas por feixes de fibras musculares, capazes de se contraírem e relaxarem, voluntária ou involuntariamente, realizando os movimentos do corpo; esses movimentos são tanto dos músculos ligados ao esqueleto como daqueles que formam órgãos e vísceras.

* **Fáscia:** lâmina, bainha ou faixa de tecido conjuntivo fibroso que reveste músculos e órgãos.

* **Tendão:** estrutura muito resistente formada por fibras não elásticas que fixa um músculo a um osso.

* **Aponeurose:** membrana de tecido tendinoso que funciona como elemento de ligação entre os músculos e entre estes e outras estruturas anatômicas.

Coluna vertebral
A coluna vertebral é o eixo principal do nosso corpo. É formada por 33 vértebras, divididas por regiões:

* **Cervical:** formada por sete vértebras (C1-C7). A primeira vértebra chama-se Atlas e a segunda, Áxis, formando a articulação atlantoaxial, que permite a rotação da cabeça. A sétima vértebra se chama vértebra proeminente.

* **Torácica:** formada por doze vértebras (T1-T12) e apresentando uma área articular para a fixação das costelas.

* **Lombar:** formada por cinco vértebras (L1-L5), que são as maiores do corpo.

* **Sacral**: formada por cinco vértebras (S1-S5) fundidas entre si e fixadas ao quadril.

* **Coccígea**: formada por quatro vértebras (Co1-Co4) menores e fundidas entre si.

Uma vértebra típica constitui-se basicamente em um corpo vertebral, pedículos dos arcos vertebrais, processos transversos e espinhosos e faces articulares. Entre dois corpos vertebrais encontra-se o disco intervertebral, formado por cartilagem e com função de amortecimento. Por entre os forames vertebrais passa a medula espinal, importante órgão do sistema nervoso, e os nervos saem pelos lados das vértebras.

Sistema nervoso

É constituído por células altamente especializadas que se destinam a transmitir informações rapidamente entre várias partes do corpo. Dependemos do sistema nervoso para, por exemplo, sentir prazer ao comer um sanduíche, resolver um problema de matemática, lembrar um número de telefone, escutar uma música, atravessar a rua, escrever uma redação ou, ainda, para ficar triste, amar etc.

As mensagens recolhidas pelos órgãos dos sentidos são levadas por nervos ao **sistema nervoso central**, formado pelo **encéfalo** e pela **medula espinal**. No sistema nervoso central são feitas conexões entre neurônios, e uma mensagem é enviada através dos nervos para músculos ou glândulas. O conjunto de nervos que recebe essas mensagens e leva suas respostas é chamado **sistema nervoso periférico**.

Sistema respiratório

O primeiro choro do bebê coloca em ação seu sistema respiratório, que vai continuar trabalhando por toda a vida.

As células do corpo necessitam de oxigênio para viver. Por meio da corrente sanguínea, o sistema respiratório fornece ar contendo oxigênio às células, bem como remove um produto que deve ser eliminado, o dióxido de carbono.

A função do sistema respiratório é retirar oxigênio do ambiente e eliminar gás carbônico.

Fases da respiração

* **Inspiração**: entrada de ar nos pulmões. A pressão dos pulmões é menor que a pressão do ar na atmosfera;

* **Expiração**: saída de ar dos pulmões. A pressão dos pulmões é maior que a pressão do ar na atmosfera.

Estruturas do sistema respiratório:

* **Nariz**: filtra, umedece e aquece o ar.

* **Faringe**: conduz o ar para a laringe e se divide em: nasofaringe, orofaringe e laringofaringe.

* **Laringe**: possui as pregas vocais (emissão de sons) e a epiglote (controla a entrada de alimento para o estômago e de ar para os pulmões).

* **Traqueia**: tubo formado de anéis de cartilagem que se bifurca em dois brônquios.

* **Brônquios**: dois tubos (direito e esquerdo) originados da traqueia.

* **Bronquíolos**: diversos tubos menores originários dos brônquios, formando um emaranhado de pequenos tubos em cada pulmão.

* **Alvéolos**: pequenos sacos presos aos bronquíolos. Transferem oxigênio do ar para a corrente sanguínea e eliminam dela o gás carbônico.

Hematose – o ar que entra nos alvéolos oxigenado é absorvido através dos vasos sanguíneos e o gás carbônico é liberado dos vasos sanguíneos no interior dos alvéolos, quando o sangue venoso passa a ser arterial.

* **Pulmões**: temos dois pulmões (esquerdo e direito) revestidos por uma membrana protetora chamada **pleura**.

O pulmão direito é dividido em: lobo superior, lobo médio e lobo inferior. O pulmão esquerdo é dividido em: lobo superior e lobo inferior. Possui a **incisura cardíaca**, espaço para acomodar o coração.

Na medicina tradicional chinesa, os pulmões são responsáveis pelo sentimento da recordação. Quando a energia se encontra estagnada ou com seu fluxo diminuído, aparecem os sentimentos de tristeza e melancolia.

Sistema digestório

A digestão compreende a transformação de substâncias complexas em substâncias mais simples, capazes de serem absorvidas pelas células.

A digestão começa na boca. Os dentes cortam e trituram os alimentos que, com auxílio da língua, são misturados à saliva para assim serem deglutidos.

A degradação das moléculas de alimento para serem usadas pelas células é denominada **digestão**, e os órgãos que realizam coletivamente esta função compreendem o **sistema digestório**.

Processo digestório

O sistema digestório prepara o alimento para ser usado pelas células por meio das seguintes atividades:

1. Ingestão: captação de alimento pela boca.

2. Mistura e movimentação: as contrações musculares misturam o alimento e as secreções e movimentam o alimento ao longo do trato gastrintestinal (tubo contínuo que vai da boca ao ânus).

3. Digestão: degradação do alimento por processos químicos e mecânicos. A digestão química ocorre por meio de reações que degradam as moléculas grandes e complexas de carboidratos, lipídios e protídeos que ingerimos, transformando-as em moléculas simples, pequenas o suficiente para passar através das paredes dos órgãos digestórios. A digestão mecânica ocorre por meio de movimentos que auxiliam na digestão química.

4. Absorção: passagem do alimento digerido ao trato gastrintestinal e ao sistema sanguíneo para distribuição às células.

5. Defecação: eliminação de substâncias não digeridas do trato gastrintestinal.

Órgãos digestórios

* **Boca:** por meio da mastigação (digestão mecânica), o alimento é misturado à saliva e forma um bolo (digestão química).

* **Dentes:** projetam-se na boca, cortam e trituram os alimentos e são adaptados para a digestão mecânica.

* **Língua:** é composta de músculos esqueléticos recobertos por uma túnica mucosa. Além de ajudar a misturar o alimento à saliva e no processo de deglutição, é responsável pelo sentido do paladar. A língua é coberta por receptores gustatórios (**calículos gustatórios**) que são encontrados nas elevações da língua denominadas papilas linguais.

* **Glândulas salivares:** a maior parte da saliva é secretada pelas glândulas salivares. Existem três pares de glândulas salivares maiores: parótida (abaixo e adiante das orelhas, entre a cútis e o masseter); submandibular (sob a raiz da língua e o soalho da boca); sublingual (anteriormente às glândulas submandibulares).

Funções da saliva: contém anticorpos proteicos (enzima lisozima) que destroem as bactérias presentes na boca, inclusive as que provocam as cáries dentárias. Umedece o alimento, facilitando o trabalho dos dentes e da língua e a deglutição, iniciando a digestão química. Na saliva é encontrada uma importante enzima digestiva, a amilase salivar, que converte os polissacarídeos (amidos) em dissacarídeos (maltose).

* **Faringe:** o alimento deglutido passa da boca às partes oral e laríngea da faringe. As contrações musculares da faringe auxiliam a propelir o alimento ao esôfago.

* **Esôfago:** é um tubo muscular que conecta a faringe ao estômago posteriormente à traqueia. Ele transporta o alimento, agora chamado de bolo alimentar, ao estômago por peristalse (fibras musculares circulares se contraem e comprimem o bolo para baixo,

enquanto fibras longitudinais abaixo do bolo se estendem e empurram as paredes do estômago para fora, de modo que ele possa receber o bolo; essas contrações empurram o alimento para o estômago), e secreta muco, que auxilia no transporte.

* **Deglutição**: mecanismo que movimenta o alimento da boca ao estômago. É auxiliada pela saliva e pelo muco, e envolve a boca, a faringe e o esôfago.

* **Estômago:** é uma bolsa de parede musculosa em forma de "J" que liga o esôfago ao intestino delgado. Encontra-se no lado esquerdo do abdome, logo abaixo das últimas costelas. Secreta muco e produz suco gástrico (ácido clorídrico e enzimas digestivas: pepsina). Sua função principal é misturar o bolo alimentar ao suco gástrico, através de ondas de mistura, resultando em uma massa chamada **quimo**.

Entre o esôfago e o estômago existe uma válvula, chamada **cárdia**, que impede o refluxo esofagiano. E entre o estômago e o intestino delgado (duodeno) existe outra válvula, chamada **piloro**, que impede o refluxo do estômago.

* **Intestino delgado:** um tubo com aproximadamente 6 m de comprimento e 4 cm de diâmetro, altamente adaptado à digestão e à absorção. Suas glândulas produzem enzima e muco que degradam os alimentos. Divide-se em duodeno, jejuno e íleo. No duodeno são lançadas as secreções de duas glândulas:

* **Fígado:** maior glândula do corpo; através dos hepatócitos, produz bile (metaboliza gordura), que é armazenada na vesícula biliar, para posterior absorção de carboidratos, triglicérides e proteínas; atua na remoção de drogas e hormônios; no armazenamento de vitaminas e sais minerais e na ativação da vitamina D.

Na medicina tradicional chinesa, o fígado é responsável pelo sentimento de generosidade. Quando a energia não flui adequadamente, o sentimento adverso se manifesta como raiva, revolta, ira e irritabilidade.

Pâncreas: produz o suco pancreático, que contém enzimas que digerem amido, proteínas, triglicérides e ácidos nucleicos. O suco pancreático também é lançado no duodeno.

Intestino grosso: mede aproximadamente 1,5 m de comprimento e divide-se em: ceco, colo ascendente, colo transverso, colo descendente, colo sigmoide, reto e canal anal. É no intestino grosso que acontecem os últimos passos do processo digestório, que são: absorção de água, eletrólitos e vitaminas, bem como a formação das fezes. A última parte da digestão química ocorre no intestino grosso; por meio da ação bacteriana, as substâncias são degradadas ainda mais e algumas vitaminas são sintetizadas.

Numerosas bactérias vivem em simbiose (interação entre parasito e hospedeiro com benefício mútuo) no intestino grosso. Seu trabalho é dissolver os restos alimentícios não absorvidos, reforçar o movimento intestinal e proteger o organismo contra bactérias estranhas geradoras de enfermidades.

Defecação: é a eliminação das fezes pelo reto. É uma ação reflexa auxiliada por contrações voluntárias do músculo diafragma e dos músculos abdominais.

Conhecendo o nosso corpo: medicina tradicional chinesa

Na escala evolutiva do Planeta Terra, necessitamos voltar à Unidade, fazer o "religare", que é o caminho de volta para recobrar a harmonia de "Ser Integral" com tudo que foi criado por Deus. Temos uma ideia de separatividade, de apenas um eu, o que nos separa do outro, gerando conflitos, tensões e permanentes escolhas, visto que vibramos na polaridade – certo e errado, bom e mau, longe e perto, interno e externo. Convivemos com uma Natureza cíclica, com dia e noite, sol e chuva, quente e frio, estações que mudam...

Desde que nascemos somos limitados por crenças e valores, e não somos educados na área emocional, não aprendemos a ter maturidade, serenidade para lidar com as dificuldades da vida.

Acabamos por desenvolver demais a razão, o intelecto e esquecemos por completo do mundo das emoções e dos sentimentos. Olhamos para Deus, o criador, como masculino, energia Yang de ação, e esquecemos que Deus é Pai-Mãe-Espírito!

Sendo Deus também Mãe, é o feminino, o receptivo dentro de si, a energia Yin. Não percebemos que a lágrima, a dor, a mágoa, são energias receptivas, femininas, silenciosas.

Dentro das crenças limitantes, é ensinado que homem não chora. Ao longo da História, na época das colonizações e durante as guerras, as mulheres ficavam em casa a tecer, esperar e chorar. Não sabiam se seus cônjuges ou filhos um dia retornariam e em quais condições.

Sem falar das escravidões e de todo o sofrimento planetário ao longo de toda a constante escala evolutiva do Ser.

Tudo isso, todo o sofrimento ancestral fica guardado em nosso subconsciente.

Esta consciência ancestral se perpetua por até quatro gerações, por isso, ao longo da existência, temos que resolver o que herdamos da vida de nossos antepassados. Entra, aqui, o perdão das ofensas, mesmo que estejam em um nível maior de inconsciência, mas estão lá, bem no fundo. Por isso, muitas vezes, não identificamos a causa primária do nosso sofrimento, que pode advir de solidão, rejeição, abandono, pânico, depressão etc., mas fica uma pergunta rondando: *O que está me impedindo de ser feliz aqui e agora?*

Abordaremos, então, o que é o Ser Integral, consciente de sua unidade com o Divino, a proposta de limpar, soltar, libertar e deixar ir tudo aquilo que não serve ao Plano da Luz, conectando-se ao seu Real Propósito, aqui e agora, neste momento, que é tudo o que temos.

A acupuntura teve início na chamada Nova Idade da Pedra, entre 10.000-3.000 a.C. O sistema médico tradicional chinês é composto por diversas modalidades, além da acupuntura: farmacoterapia, métodos nutricionais e higiênicos; abordagens da integração mente e corpo. Toda a fisiologia médica chinesa, patologia e tratamento, baseia-se no Yin e Yang, que representam qualidades opostas, mas complementares. (*Medicina Tradicional Chinesa*, baseado nos ensinamentos do professor espanhol José Luís Padilla Corral, fundador da Escola Neijing, em Madri, Espanha)

Como sabemos, só o que é permanente no Universo é a impermanência. Tudo está em constante estado de mudança e transformação. Os cinco elementos, ou cinco reinos mutantes, também estão presentes na medicina tradicional chinesa.

Os chamados curadores antigos já não procuravam mais uma causa para as doenças no sobrenatural, mas ao observar a Natureza, e por meio de métodos indutivos e dedutivos, começaram a achar padrões que foram aplicados na interpretação das patologias.

Compreendido isso, adentramos então nos cinco elementos como movimentos, a saber: a Madeira tem movimento expansivo e exterior em todas as direções; o Metal tem movimento contraído e interior; a Água tem movimento descendente; o Fogo tem movimento ascendente, e a Terra tem neutralidade ou estabilidade.

Já no que se refere ao estágio de um ciclo sazonal:

A Madeira é Primavera – Nascimento; o Fogo é Verão – Crescimento; o Metal é Outono – Colheita; a Água é Inverno – Armazenamento, e a Terra é a chamada Estação Anterior – Transformação. Ela está sempre no centro de cada um, é o Estio.

Nossos órgãos possuem energia Yin, as vísceras energia Yang, e eles atuam juntos. Como?

O fígado atua com a vesícula biliar e ambos pertencem ao elemento Madeira, ao sabor azedo, à cor verde, ao Leste, à Primavera e ao Nascimento. Atuam nas emoções trazendo **generosidade**, e em nosso desequilíbrio, no cotidiano, vivenciamos a raiva.

O coração atua com o intestino delgado, o triplo aquecedor e o pericárdio (Mestre do Coração), e todos pertencem ao elemento Fogo, ao sabor amargo, à cor vermelha, ao Sul, ao Verão e ao Crescimento. Atuam nas emoções como **alegria**, em contrapartida, na falta dessa alegria.

O baço e o estômago pertencem ao elemento Terra, que, por sua vez, é doce, a cor é o amarelo, a Estação Anterior (Centro), a transformação. Nas emoções, se apresenta como **reflexão**, mas também preocupação e obsessão.

Já os pulmões e o intestino grosso pertencem ao elemento Metal, ao sabor picante e à cor branca, ao Oeste e à Colheita. Nas emoções, trazem a **recordação** e também a melancolia e a quietude.

Os rins e a bexiga pertencem ao elemento Água, ao sabor salgado, à cor cinza ou preta, ao Norte, ao Inverno e ao Armazenamento. Nas emoções, identificamos a **responsabilidade**, a vontade, mas também o medo e a insegurança.

Precisamos compreender, de pronto, que o nosso corpo é tão sagrado quanto o nosso espírito. O *Evangelho Segundo o Espiritismo*, cap. XVII – Sede Perfeitos, nos elucida no item 11: "*Amai, pois, a vossa alma, porém, cuidai do vosso corpo, instrumento daquela. Desatender às necessidades que a própria Natureza indica, é desatender à Lei de Deus. Não castigueis o corpo pelas faltas que o vosso livre-arbítrio o induziu a cometer e pelas quais ele é tão responsável quanto o cavalo mal dirigido, pelos acidentes que causa*".

O corpo é o veículo que usamos para nos aperfeiçoar na Terra, no cumprimento de nossa missão como viajantes do Universo. Aqui voltaremos sucessivas vezes, até nos alinharmos novamente com a nossa essência mais pura, no caminho do progresso espiritual que não cessa.

Nosso corpo fala conosco, mas fazemos questão de não ouvi-lo. Ele sempre nos informa dos excessos alimentares e das carências de nutrientes através dos mal-estares que sentimos. Absorvemos diariamente preocupações, insatisfações e desequilíbrios, e tudo isso resulta em vários tipos de enfermidades.

Seguindo ao encontro do espaço sagrado em nosso corpo, encontramos no nosso **coração** a denominação de Imperador, aquele que sente e sabe tudo o que acontece no corpo, pois recebe através do sangue a informação dos sentimentos dos outros órgãos. Ele é o custódio dos elementos mais elevados do Homem. Nele reside a **alegria de viver!** O desequilíbrio gera um coração triste, sem alegria, sem vitalidade, sem força, sobrecarregado de angústia e opressão.

Os **pulmões** ficam perto do coração formam uma unidade conhecida como Mestre das Energias. Necessitam de uma respiração equilibrada porque são o fole que recebe e movimenta o prana celeste. Representam a **recordação da origem divina!** O ar que passa pelos pulmões é vital à vida, é a mais pura energia divina.

Como vivemos muito distanciados da nossa origem divina, temos saudade daquilo que não conseguimos identificar – um tempo, um lugar, uma sensação de ter sido feliz. Necessitamos fazer o Religare, para termos novamente a serena alegria de viver. Viver com gosto pela vida e com propósito.

Em contrapartida, na vibração da não realização, os pulmões estão relacionados à tristeza da alma. Neste caminho, observemos que coração e pulmões estão na altura do chakra cardíaco que irradia amor, leveza, ar, aconchego e merecimento.

Ambos, coração e pulmões, atuam com os **intestinos delgado e grosso**, que são denominados como "segundo cérebro", região das toxinas e dos apegos, a parte sombria, inconsciente.

Encontramos aqui alguns aspectos a serem considerados, como pessoas raivosas, desconfiadas e agressivas, que são chamadas de "enfezadas". Tais pessoas estão intoxicadas por sentimentos e emoções que não conseguem libertar e, portanto, sofrem de prisão de ventre.

Já as medrosas e sem vontade são depressivas e sem ímpeto. Muito provavelmente, possuem o "intestino solto", porque à frente dos problemas da vida têm muito medo.

E existem aqueles chamados de "enjoados", que implicam com tudo e com todos, e que são sérios candidatos a terem uma pedra na vesícula. Vivem às voltas com suas atribulações.

A serotonina é o mediador do pensamento, 95% de sua produção é feita nos intestinos. A vontade de viver, os sonhos, as lembranças também dependem dessa substância, que, ao ser absorvida da dieta, transforma-se na intimidade do tecido intestinal. Por isso, o intestino necessita manter-se em bom funcionamento diariamente.

O intestino grosso recolhe a última gota de água e resgata os últimos nutrientes, devolvendo à terra o que é da terra.

O **fígado** é a **alma generosa** daquele que não esquece a sua origem divina. Está ligado à força criadora, é o armazenador do sangue.

Sempre que uma pessoa não é generosa consigo mesma, acaba por desenvolver a raiva. Cria o pesar inicial contra si mesma e, depois, mágoa e irritação contra os outros. Há aqui o sentimento de culpa, ou seja, ela projeta no outro porque a culpa está gritando internamente. A raiva consiste em "repetir", não compreender, e leva a alguns questionamentos: "Onde foi que eu errei?", "Por que comigo?", "Fulano(a) me paga!".

Isso causa desgastes orgânicos inacreditáveis! A emoção violenta é uma aflição cultivada que leva à distonia das células e as emoções doentias levam aos estados depressivos.

A vesícula biliar está intimamente ligada à **decisão**. Quando é retirada, traz a incerteza e se liga à raiva embotada, aquela que não é expressa. Ao contrário do fígado, que põe a raiva para fora, fica **verde** de raiva e gera uma descarga energética desgastante.

Os **rins** são os depositários da essência da vida. A identidade do Ser está na água – o que somos e o que viemos fazer. A perda da identidade leva à cristalização das emoções e também ao desenvolvimento de doenças agressivas e autoimunes. É preciso transformar as águas salgadas em águas doces e libertar-se do medo.

Trabalhar o propósito da alma, ter quietude interna, observar-se são atitudes imprescindíveis para que o Ser possa ter harmonia e equilíbrio em sua vida.

O **estômago** é conhecido como o observador servil, o lugar de alquimia, onde todas as substâncias se convertem em sustento. Lembremos que aquilo que o cérebro não compreende, o estômago não digere. Portanto, ficar ruminando situações traz desequilíbrios. Baço e estômago, unidos, habitam o Reino Mutante da Terra; centro distribuidor, de sabor doce, que dá ritmo à vida.

Se o sangue passa por todos os tecidos do corpo e vai até o coração, fica ciente de tudo o que acontece. O sangue também passa pelos rins e, se houver medo, o coração vai receber o sentimento de medo; pelo fígado, vai trazer a raiva para o coração.

É o momento de compreendermos que somos divinos em corpo e espírito!

Precisamos resgatar a serena alegria de viver! A alegria afrouxa os nervos e tonifica as correntes da vida que visitam os **Centros de Força (chakras)**: harmoniza os corpos e purifica o ambiente em que respiramos.

Assim começa o ciclo interminável, milagre de eternidade na forma. Um sem-fim de movimentos, trocas, câmbios, mutações que seguem a dinâmica da vida, cada qual cumprindo com sua função.

É uma grande lição de submissão e humildade, mais de deveres e menos de querenças, que o Homem deveria aprender. Pois em sua natureza, em sua estrutura, estão todos os sinais que podem levá-lo a viver essa harmoniosa melodia. Tudo que existe tem uma função; portanto, já é tempo de tomar consciência de quem somos, a que viemos. Pois nada é em vão. Recordar, aceitar e fazer é o que nos cabe agora, aqui mesmo onde estamos!

Devemos meditar e agradecer sempre! A meditação acalma a mente, traz quietude interna, harmonia, equilíbrio e bem-estar; aliada ao sentimento sincero de gratidão à vida, abre muitas portas. Portanto, comece a agradecer ao Sol que lhe aquece, tenha gratidão a esta bênção celestial, e logo verá que sua vida se encherá de saúde, luz e alegria!

Capítulo 6
Abordagem das doenças psicossomáticas

Há um método bastante seguro para o alívio de todo sofrimento – a transformação do egoísmo em altruísmo. Se desenvolvermos suficientemente a qualidade de nos fundirmos no amor e no cuidado para com aqueles que estão ao nosso redor, alegrando-nos com a gloriosa aventura de alcançar o conhecimento e ajudar os outros, nossas tristezas e sofrimentos rapidamente chegarão ao fim. Este é o grande objetivo final: a perda de nossos próprios interesses no serviço da humanidade
Dr. Edward Bach, 1930

Abordagem das doenças psicossomáticas

Como sabemos pelas Escolas de Medicina do Oriente e pela vasta abordagem Espírita e Espiritualista Universalista que visam ao equilíbrio e bem-estar do "Ser Integral", as doenças iniciam-se em nossos corpos mais sutis e vêm, por assim dizer, num descenso vibratório, ou seja, passando pelos corpos mental e emocional, chegando ao duplo etéreo, e é neste momento que se percebe que algo não vai bem com o corpo, que a saúde está de alguma forma afetada, então apresenta-se a somatização no corpo físico.

O processo de somatização pode ser entendido como tudo aquilo que escondemos do nosso ser consciente e que precisa ser tratado de forma eficiente, ou seja, pela ampliação da consciência, da honestidade emocional; admitindo os desequilíbrios gerados pela incompreensão e não aceitação de muitas situações do presente ou do passado; libertando as máscaras e os véus que nos distanciam do nosso verdadeiro ser.

O que a mente cria, pelo pensamento positivo ou negativo, se materializa. Não é à toa o antigo ditado: "Mente sã em corpo são".

Os sentimentos negativos também têm fundamental participação nesta cadeia de desequilíbrios, quando não são devidamente compreendidos e trabalhados. São as mágoas, as frustrações, os ressentimentos, a falta de autoperdão e de perdão ao outro; também as culpas que causam um grande estrago na saúde. Por isso, falamos sempre de autoconhecimento. A reflexão sobre si mesmo leva a alguns questionamentos:

Onde e quando isto começou?

Por que será que não esqueço?

Há quanto tempo estou guardando mágoas e ressentimentos?

Por que me sinto tão culpado(a)?

No que se refere ao perdão das ofensas, Mestre Jesus disse a Pedro: "Deveis perdoar não apenas sete vezes, mas setenta vezes sete vezes".

Iniciaremos então a abordagem pelas questões do **medo** que são de caráter amplo. Para começar, devemos ter como certeza de que a humanidade sempre se defrontou com o medo e poucos não foram os homens que se dedicaram a explicá-lo, primeiro para poderem entendê-lo, para em seguida eliminá-lo.

Todos fracassaram, uma vez que o medo, enquanto sentimento de evitar o mal, é um instrumento de sobrevivência, sem exageros, de todos os seres vivos.

O medo pode e deve ser trabalhado para se tornar um incomparável instrumento de equilíbrio no nosso dia a dia. O medo edifica muros altos ao discernimento, impedindo análises, reflexões e soluções para os nossos problemas, qual lanterna que se apaga na mente. Além disso, é um grande gerador de bloqueios, com perda de novas oportunidades de aprendizado.

No Capítulo 4, sobre os chakras, observamos que a raiz dos desequilíbrios destes centros energéticos está nos mais variados tipos de medo.

O medo está associado ao elemento água, ao RIM que remete à identidade do Ser; portanto, onde há medo, há perda da identidade.

Compreendendo os medos

Pela definição do dicionário, medo é o sentimento de inquietação, de apreensão em um período real ou imaginário.

A palavra medo tem relação também com receio, temor, horror, pavor e pânico.

O Dr. Edward Bach classificou as suas essências florais em grupos, e o primeiro grupo que se estuda é justamente o do medo, por ser a base de tudo que nos desequilibra quando em excesso. Ele classificou os medos em: concretos, indefinidos e inexplicáveis, medo de perder o controle, medo pelo que possa acontecer a outros (excesso de preocupação com outra pessoa) e pânico.

Segundo Thomas Hobbes (1588-1679), filósofo inglês, há algum tempo muito discutido nos meios da psicanálise: *"O medo é um sentimento que nos inspira a possibilidade real de sermos afetados por um mal real, por um mal que conhecemos pela experiência"*.

Pela visão Espírita e Umbandista, sabemos que, além dos males reais, visíveis, tangíveis, existem também os reais, invisíveis, intangíveis, do que nos dá conta a obsessão.

Para melhor compreensão, relacionamos alguns tipos de medo:

Medos naturais: são aqueles com os quais, praticamente, todos nascemos – medo do fogo, de grandes ruídos, de desequilíbrios, de morte e de mortos, do desconhecido.

Medos amigos: são aqueles ditados pela prudência, e é basicamente por eles que os seres vivos mantêm sua integridade, por exemplo: Os vegetais procuram luz e água, pelo que, de forma indireta, estão evitando a sombra e a seca, regime em que feneceriam. Os animais fogem de um predador ou do combate em que estejam em desvantagem, e não o fazem por covardia, senão para continuar vivendo. O homem, sabendo que a inteligência abre um leque de infinitas opções, sempre evitará ações de consequências prejudiciais, por exemplo: não ultrapassar na curva, não brincar à beira do precipício, não riscar fósforo próximo a combustíveis etc. São frutos da prudência, ditada pelo instinto de conservação, engendrada por Deus e que nasce com todas as criaturas.

Medos inimigos: são os que causam prejuízos ao ser humano, não por alguma ação, mas justamente ao contrário, por exemplo:

Medo de mudanças: é um arqui-inimigo de toda a humanidade; num ambiente de trabalho ou de reuniões, por exemplo, medo de mudar de lugar pessoas, objetos, móveis; nas questões emocionais, não querer abrir mão de crenças e valores arraigados.

Medo de enfrentar desafios da vida: por exemplo, assumir responsabilidades (familiares, profissionais ou sociais).

Medos irracionais: são aqueles sentimentos que bloqueiam o raciocínio e se edificam sob bases que contrariam o bom senso, por exemplo: medo de ir ao dentista.

Medos reais: situam-se entre as inquietações que se seguem após traumas:

Assalto: alguém é assaltado e passa a ter receio de voltar a ser vítima; como defesa, deixa de sair de casa, até quase enclausurar-se por completo; o correto seria continuar saindo, mas com cuidado redobrado; e se voltar a ser assaltado, com certeza já terá muito mais equilíbrio para proceder sem riscos.

Falar em público: alguém fala algo e é ridicularizado. Aí se implanta tal medo; mas se a pessoa treinar, nem que seja em frente ao espelho, e depois diante da família, verá que aos poucos dominará esta técnica, não sendo necessário ser um brilhante orador, mas apenas alguém que fala com clareza.

Infecção: lavar as mãos sempre é um excelente cuidado; só haverá problema se houver exagero.

Andar de avião: desastres aéreos acontecem, mas os aviões ainda são um meio de transporte mais seguro do que os automóveis.

Geralmente, esses medos transformam-se em manias, em fobias, depois em neuroses, podendo até mesmo evoluir para psicoses.

Medos imaginários: falsos sentimentos, pois ainda não aconteceram, mas já estão na mente, como se reais fossem. É o temor de algo que ainda não aconteceu. Esse é o mais prejudicial dos medos, pois o medo real, muitas vezes, tem raízes no passado, a expressar-se no presente. Agora: Como ter medo de algo que ainda não aconteceu?

O que é a Síndrome do Pânico?

A expressão é originária de Pan, deus grego, flautista, que aterrorizava os camponeses com seus chifres e pés de equino; os pacientes que apresentam essa síndrome sofrem intensamente, com graves sintomas que vão de angústia a palpitações, sudoreses, tremores, falta de ar, náuseas, medo da loucura e medo extremo com sensação de morte.

Fobias

Toda fobia é acompanhada de um medo exagerado e persistente (mórbido) que não tem limites em relação a suas causas.

Algumas fobias

Claustrofobia: é a mais citada de todas as fobias e refere-se ao medo de lugares fechados, mas também se manifesta em meio a multidões. Carl Gustav Jung (1875-1961) relaciona este medo ao nascimento – o ser precisa deixar o conforto e atravessar um túnel estreito, rumo ao desconhecido.

Nosofobia: medo de adoecer, o que leva o fóbico a se julgar doente; começa pelo medo de infectar-se por micróbios e por isso até não dá a mão nos cumprimentos. Essa fobia conduz rapidamente à hipocondria (busca obcecada de tratamento para doenças inexistentes).

Agorafobia: medo de espaços abertos e amplos (medo de deslocar-se sem ajuda).

Altofobia: medo de alturas.

Antropofobia: medo de enfrentar a sociedade, levando o indivíduo a trágicas solidões.

Gerontologia: medo de envelhecer e até do convívio com pessoas idosas.

Necrofobia: medo da morte e dos mortos.

Obesofobia: medo de engordar; quase sempre leva à anorexia, que é uma porta aberta ao comprometimento orgânico da defesa autoimune.

Talassofobia: medo do mar.

Então, vem a pergunta: como tratar?

Em primeiro lugar, nada melhor do que **identificar e classificar o medo**. Em seguida, realizar um mapeamento da origem dele (como se instalou, quando, como e por quê). Uma constante, porém, se impõe: é que o medo seja reconhecido, analisado racionalmente e aceito como parte da estrutura emocional.

Logo se perceberá que até do medo se tem medo... O medo também pode ser observado através de alguns aspectos, tidos como responsáveis pela culpa ancestral que o gera e que todos nós trazemos no inconsciente, culpa essa que pode levar o ser a deparar-se com situações difíceis de lidar e que acabam gerando tormentos.

O medo da morte – o medo da velhice e da doença, que tem por consequência o medo da morte.

O medo da pobreza – porque na pobreza o indivíduo não dispõe de recursos para comprar remédios quando adoecer, evitando a morte.

O medo da opinião dos outros – quando descobrimos que os outros têm uma opinião negativa de nós, isto é, uma morte da nossa alegria.

O medo da perda de alguém que nos é querido.

Observemos alguns conceitos da MedicinaMedicina sobre as doenças psicossomáticas: "A ideia básica é que o aparelho psíquico pode alterar o sistema biológico, existindo uma interferência mútua entre os dois sistemas, o biológico e o psíquico. Ocorre uma perturbação somática consequente de uma ideia rígida psicológica interferindo na gênese da doença" (Capitão e Carvalho, 2006). Portanto, por meio deste **conhecimento científico** chega-se à conclusão de que, no momento em que você descobre uma doença orgânica, como diabetes, câncer, gripe, dor na garganta, esta vai interferir na sua psique gerando tristezas, melancolias, depressão, ansiedade etc.; porém, o contrário também ocorre. A medicinamedicina já reconhece este conceito no DSM-V. A definição é de que há a existência de sintomas somáticos perturbadores somados a pensamentos, sentimentos e comportamentos anormais gerando uma resposta a esses sintomas (DSM-V, 2016). A medicina foi pensando e validando este conhecimento a partir do momento em que se diagnosticava uma doença que não apresentava um motivo orgânico aparente. Em nossa rotina, sofremos interferências múltiplas que nos levam ao adoecimento, como estresse, questões sociais, orgânicas, religiosas, psicológicas, disposições internas, entre outras.

Debray (1995) afirmava que *"deveria existir um conflito específico mais a predisposição do corpo do sujeito somado com o conflito atual"*. Já para Marty (1993,1998), *"Se a pessoa tem uma atividade mental pouco desenvolvida, ela não teria recursos suficientes para lidar com todos os estímulos e organizá-los, levando a pessoa ao adoecimento"*.

Ansiedade, angústia e culpa

Após este apanhado teórico e explicativo, vamos explanar alguns exemplos encontrados em nossa rotina diária. A **ansiedade**, como primeiro exemplo, é considerada o mal do século, apresenta-se com sintomas psíquicos ou físicos marcantes, como aceleração dos batimentos cardíacos, gagueira, tremores, aperto no peito, sudorese, perda de sono, confusão mental (não consegue raciocinar de forma coerente), dor de estômago, sentimentos ruins (tensão, medo) à flor da pele. É quando o indivíduo literalmente se preocupa (pré-ocupa) com algo desconhecido ou já conhecido que gera o sentimento de ansiedade.

Dentro deste quadro, observamos que a ansiedade é uma ilusão, ou seja, é a expectativa de algo que ainda não aconteceu e que não se sabe como, quando ou de onde virá; tampouco se estará de acordo com as expectativas geradas quando chegar, se chegar. O indivíduo vive com a mente voltada para o futuro, deixando de lado o que realmente interessa, que é o seu "momento presente", onde ele está semeando o que vai colher no futuro. Lembre-se de que "só se desilude quem vive iludido".

Para esta conduta ansiosa, Mestre Jesus recomendava: *"A cada dia bastam as próprias aflições"*. Portanto, a introspecção auxilia a criar momentos de calma e discernimento para a realização de uma tarefa por vez e a viver de acordo com o seu ritmo biológico, ou seja, o seu ritmo interno. Aprenda a valorizar a sucessão das horas!

Já a **angústia** é um sentimento de inquietude, sofrimento, caracterizado por um suposto "abafamento", um tormento que pode ser o resultado de lembranças traumáticas, desorganizando o ego da pessoa. Às vezes, pode gerar falta de humor, dor e ressentimentos. Está relacionada ao coração fechado para a vida. Desequilibra o chakra Cardíaco e, por consequência, os demais chakras.

Já a **culpa** é um sofrimento que advém de uma lembrança ou de uma reavaliação de um acontecimento passado que é considerado e avaliado pelo indivíduo como um ato que merece reprovação.

O sentimento de culpa é avaliado dentro da espiritualidade como uma falta de adaptação à existência atual. Há um rebaixamento do sistema de defesa. Diz Emmanuel sobre o complexo de culpa: *"Inicia com um pesar inicial contra si mesmo que se transforma em mágoa e irritação contra os outros"*.

Temos que entender que esta projeção acontece porque a culpa está gritando dentro da pessoa – "a raiva repete e não compreende". *Isso leva a desgastes orgânicos inacreditáveis!*

A pessoa fica se questionando: "Onde foi que eu errei?", "Por que comigo?", "Fulano(a) me paga....!". Esta é uma energia corrosiva.

A pessoa não se sente merecedora das boas coisas da vida. Como vamos então trabalhar a culpa? Aprendendo o autoperdão!

Quando olhamos para o nosso ser interior e somos honestos com os nossos sentimentos e emoções, admitindo o que realmente estamos sentindo e que manter a frequência vibratória da culpa é semear espinheiros, compreendemos que é preciso aprender anos perdoarmos. Perante a Justiça Divina não existem culpados, porque cada um dá o que tem e faz conforme a sua consciência.

Saiba que você é bom do jeito que é e errar o caminho de vez em quando faz parte do aprendizado.

Depressão e melancolia

A **depressão** é uma variedade de distúrbios psicopatológicos que diferem consideravelmente quanto aos sintomas, gravidade, curso e prognóstico.

É conhecida como "tristeza da alma"; a pessoa encontra-se completamente desligada do propósito de sua alma. É considerada um fato químico de desequilíbrio nos neurotransmissores, podendo ser um episódio único. A depressão é classificada pelo CID-10 como leve, moderada e grave. Pode vir acompanhada de baixa autoestima, choro fácil e/ou frequente, apatia ("tanto fez como tanto faz"), sentimento de tédio, aborrecimento crônico, irritabilidade aumentada (ruídos, vozes, pessoas), angústia, ansiedade, desespero, desesperança, fadiga, cansaço fácil e constante, desânimo, perda de vontade, insônia ou hipersonia, perda ou aumento do apetite, perda da libido, anedonia (falta de prazer), pessimismo, culpa, arrependimento, ideias de morte, desejo de desaparecer, dormir para sempre, ideação ou planos de suicídio.

Perda de interesse por atividades anteriormente agradáveis, sem energia para realizar atividades e até mesmo cuidados básicos, podendo às vezes apresentar momentos de irritabilidade. Pode gerar prejuízos familiares e também profissionais.

"As síndromes depressivas são atualmente reconhecidas como um problema prioritário de saúde pública, sendo consideradas a primeira causa de incapacidade entre todos os problemas de saúde" (Murray e Lopes, 1996).

A **melancolia** é caracterizada por depressão "sem causa aparente", falta de entusiasmo para realizar tarefas. É reconhecida como uma "tristeza profunda e prolongada".

Transtorno de humor

Este termo é aplicado a um grupo de condições clínicas nas quais uma polarização do humor tanto para depressão quanto para elação (aumento de euforia) é proeminente e considerada entre flutuações normais de humor; o transtorno é patológico quando existe uma constelação de sinais e sintomas com duração e gravidade tais que levam a uma perda substancial da capacidade funcional do indivíduo.

Como avaliar e diagnosticar? Por meio de entrevista e avaliação do estado mental com profissional especializado.

Coluna vertebral

A coluna vertebral também entra neste capítulo, por simbolizar os pesos que carregamos. Muitos indivíduos sofrem de problemas na coluna da mais variada ordem, desde pequenos desconfortos até dores intensas. Ela está relacionada à estrutura da nossa personalidade. (*A doença como linguagem da alma*, de Rüdiger Dahlke, Ed. Cultrix)

Os chamados problemas de coluna refletem as dificuldades e os desequilíbrios na formação da personalidade e/ou conflitos nos relacionamentos, bem como as dificuldades de adaptação ao mundo que nos cerca.

Os discos vertebrais estão relacionados com as dificuldades vividas até o momento presente, ou seja, com a história do desenvolvimento até aqui, e podem ser conferidos por meio da observação anatômica.

Todos os pesos das sobrecargas físicas, sejam de ordem consciente ou inconsciente, atuam sobremaneira sobre os discos vertebrais. Dessa forma, muitos que estão vivendo os problemas de disco são forçados ao repouso, porque efetuar qualquer movimento lhes causa muitas dores. Este momento serve para efetuar uma profunda reflexão: por que carregar pesos em demasia se as dores lembram a dificuldade de movimentos causada pela carga excessiva que colocaram e/ou deixaram que colocassem em suas vidas? A inquietação e o desconforto das dores fazem com que o ser desperte, exigindo atividade, sinceridade e responsabilidade imediata para sair desta situação.

A dificuldade de dizer "não" está relacionada à rigidez na **coluna cervical,** o que pode transformar-se em torcicolos; as calcificações estão relacionadas aos padrões de rigidez, perfeccionismo e autoexigência. Já os ressentimentos se refletem no processo de situações do passado que não foram resolvidas e entristecem a pessoa, podendo sua cabeça pender para um dos lados. Os vários tipos de medos e possíveis traumas ou sustos ocorridos durante a infância, a baixa autoestima e o fato de não acreditar em sua capacidade de realizar-se e ser feliz. As doenças diretamente relacionadas à região cervical estão intimamente relacionadas ao fato de o indivíduo querer controlar tudo, à sua inflexibilidade no dia a dia, racionalizando o tempo todo: "tudo tem que ser do meu jeito, senão não serve".

A **coluna dorsal ou torácica** está intimamente ligada à postura do indivíduo diante da vida, principalmente ao que se refere às questões emocionais, por exemplo: uma pessoa que assume uma postura de coluna reta e esticada demonstra exemplaridade e retidão; o peito orgulhosamente cheio... se esta postura não é natural, mas apenas para demonstrar aos demais, ela então esconde um ser que se encolheu nas sombras e na realidade, que vive encurvado, cheio de medos. As calcificações refletem as tristezas profundas, que muitas vezes o indivíduo não percebe o quanto de mágoa tem guardado. As curvaturas da coluna, como a escoliose, trazem à tona o fato de "não saber lidar com as situações"; "não posso mudar" e o conhecido "tenho que aceitar" ou o "sempre foi assim". Isso demonstra o distanciamento de si mesmo, ou seja, o indivíduo não se conhece realmente, por isso não cogita em tomar uma atitude positiva e decidir o que quer para si. Como é difícil dizer não!

A **região lombar** está relacionada ao chakra básico e nos remete ao "ter", ao caminhar com passos firmes e decididos. Então ocorrem desequilíbrios quando há o medo de perder o que se tem, o medo de perder pessoas e o medo de não conquistar emocional e materialmente.

A região sacral está relacionada à sexualidade; medos, cobranças, traumas e repressão. Com relação às dores do **isquiático** (nervo ciático), envolvem as relações correspondentes ao medo de ir em frente, as inseguranças e as dificuldades de adaptação, com ênfase àquelas que requerem mudança de comportamento ou de vida.

Os problemas nas articulações indicam que há dificuldade de "articular", faltando flexibilidade e o conhecido "jogo de cintura".

As chamadas "ites" são inflamações que afetam as articulações e acontecem justamente porque o indivíduo está tendo de lidar com situações desagradáveis e que, mesmo não gostando, não consegue resolver. Está inflamado interiormente. Articular-se é viver em harmonia e equilíbrio primeiro consigo mesmo, para depois viver desta forma com as demais pessoas do círculo pessoal. Lembrando que este acúmulo de energias ocorre muito de forma inconsciente, portanto, a coluna vertebral vai se sobrecarregando com emoções e sentimentos que não são trabalhados, nem observados em forma de reflexão, e quando realmente começa a doer, o indivíduo parte primeiro em busca de medicamentos paliativos e esquece por completo o que "realmente acontece em seu íntimo" que está desorganizando a sua vida e sobrecarregando a sua coluna.

Richard Bach nos diz: *"Todos os problemas de sua vida ali estão, porque você os pôs ali. O que fazer com eles, cabe a você resolver"*. (N. do A.: Livro *Ilusões*, de Richard Bach (Ed. Record).)

Transtorno obsessivo-compulsivo (TOC)
Apresenta-se com hábitos obsessivos, compulsões ou ambos. Podem aparecer em pensamentos, impulsos ou imagens indesejáveis e involuntárias que invadem a mente e causam desconforto ou ansiedade que levam o indivíduo a **executar rituais repetitivos**. Pode se apresentar de várias formas, como medo de contaminação (lavagem em excesso); preocupação com organização/simetria ou exatidão; guardar objetos sem utilidade; verificar várias vezes se fechou a porta da garagem; se não esqueceu de desligar o gás etc. Pensamentos inaceitáveis, como violência sexual ou ofensas verbais. A repetição desses rituais visa a prevenir possíveis falhas ou aliviar um desconforto físico do indivíduo que os executa. A evitação é uma das características mais marcantes deste transtorno: evitação de lugares (hospitais, cemitérios), situações (encostar em dinheiro, telefones públicos, assentos públicos) e até mesmo pessoas, como mendigos, enfermos e feridos. O transtorno obsessivo-compulsivo, para ser diagnosticado, deve estar trazendo algum prejuízo nas relações interpessoais, tomar um tempo da pessoa e não pode estar ligado a efeitos fisiológicos, como uso de substâncias, ou questões orgânicas cerebrais.

Bipolaridade
Como a percebemos ou identificamos? Ocorre uma variação acentuada e repetida do humor, em que o indivíduo oscila de um extremo ao outro, da euforia à depressão. Muitas vezes, essa oscilação não tem motivos aparentes, causando sensações, emoções, ideias e comportamentos que fazem com que a pessoa acabe perdendo sua

saúde psíquica e a autonomia da personalidade. Traz prejuízos para a vida, tanto familiar quanto no trabalho, assim como as relações interpessoais (com os outros) ficam prejudicadas.

Gripes

A gripe é uma doença infecciosa causada por vários vírus e que é percebida através de febre, dores de garganta, tosse, dor de cabeça e dores musculares, cansaço e também por desconforto geral. Pode se manifestar através de uma reação muito grande contra crenças e negatividade. Crença em estatísticas.

A dor na garganta normalmente surge devido a um quadro de amigdalite ou faringite, ou seja, uma inflamação nessas regiões, causada na maioria das vezes por vírus, resfriados, gripe ou até mesmo mononucleose. A garganta é a "Avenida da Expressão". É considerada o canal da criatividade (fala). O indivíduo não é capaz de falar de si ou do que está acontecendo. Engole muita raiva, não desenvolve sua criatividade e se recusa a mudar. Há um bloqueio do chakra Laríngeo.

Um **acidente**, algo que ocorre inesperadamente, um acontecimento casual, repentino, abrupto, que seja desagradável, infeliz, que envolve danos, perdas, um grande sofrimento ou até mesmo mortes repentinas. Existe uma incapacidade de defender-se, há uma rebelião interior contra autoridades e crença na violência.

Cristina Cairo nos elucida que *"para descortinarmos e quebrarmos paradigmas naquilo que chamamos de 'as doenças', devemos fazer uma viagem em nosso subconsciente, desenvolvermos de volta a crença e a fé em nós mesmos, deixando de lado o pessimismo e os pensamentos negativos que estamos acostumados a praticar, despertando o EU interior"*. Ela nos mostra que os distúrbios orgânicos têm estreita ligação com os estados emocionais e comportamentais conscientes ou inconscientes, do presente ou do passado. O equilíbrio pode ser encontrado através da honestidade emocional para consigo mesmo, da fé e do perdão a si mesmo em primeiro lugar, para depois poder perdoar os outros.

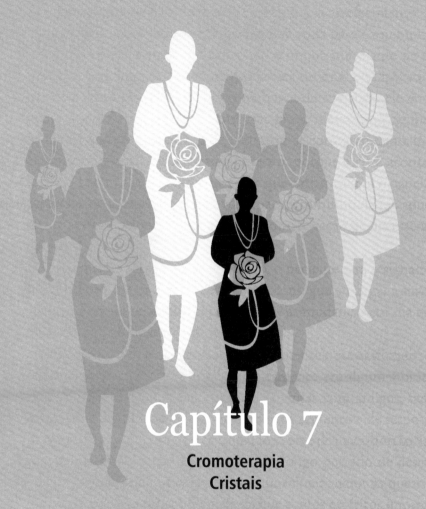

Capítulo 7

Cromoterapia
Cristais

A saúde é nossa herança, nosso direito.
É a completa e total união entre a alma, mente e corpo.
Isto não é um ideal longínquo e difícil de alcançar,
mas tão simples e natural que muitos de nós o negligenciamos.
(Dr. Edward Bach - 1930)

Cromoterapia

A palavra cromoterapia tem origem no grego *khrôma*, que significa "cor". Ela se baseia nas sete cores do espectro solar e suas vibrações magnéticas. A cor acompanha nossas vidas, basta olharmos ao redor, no céu e na natureza que nos brinda diariamente com flores e ervas, animais, paisagens, e também nos alimentos, preenchendo-nos de luz e vida!

Trazemos então este espectro de cores para o nosso vestuário e para dentro de nossas casas, decorando de forma harmoniosa e aconchegante o nosso espaço sagrado. A cor interfere em nosso estado de ânimo.

Há um antigo ditado que diz: *"Em casa que não entra a luz do Sol, entra o médico".*

O preto representa a ausência de cor, por isso as pessoas que sofrem de depressão profunda geralmente só vestem preto, uma cor que fecha, que isola e não permite que a luz penetre.

Simboliza, portanto, a escuridão da alma.

Por isso, nos dias de passe, solicitamos aos consulentes que não venham usando roupa preta, mas preferencialmente cores claras, para que a pessoa receba o seu passe na íntegra.

Já a cor **branca** é o contrário, contém em si as sete cores do arco-íris.

Luz, leveza, harmonia. Simboliza a paz interior! Ela limpa e purifica com seu raio cristalino, o que torna sua energia extremamente benéfica.

Utilizamos o espectro das sete cores no trabalho mediúnico. No início do passe, envolvemos o consulente em um cilindro de luz magnético na cor verde-esmeralda, para que seja feita a assepsia de seu campo energético, direcionando para as camadas mais profundas do ser para ir harmonizando, equilibrando, limpando, regenerando e energizando.

Se o consulente estiver com a energia muito densa, envolta em vícios, desequilíbrios mentais, traumas etc., trabalhamos primeiramente com um cilindro de luz violeta para transmutar e libertar esse campo mais denso, depois passamos então ao cilindro verde-esmeralda para fazer a assepsia e energizar. Somente após iniciamos o passe magnético. Ao final do passe, sempre encerramos com o cilindro de luz azul, intenso e translúcido para que o consulente se mantenha autoprotegido e sustentado dentro desta vibração de serenidade e equilíbrio. Muitas vezes, envolvemos o consulente em azul e branco cristalino, com excelentes resultados.

É muito importante que se tenha conhecimento das cores, de como elas atuam no tratamento, para que se possa obter um bom resultado neste trabalho. Por quê? Porque trabalhamos junto com o plano espiritual e recebemos orientação através da intuição, e se o médium não conhece o espectro das cores e quais são indicadas para trabalhar as enfermidades, ele fica em dúvida se está certa a sua percepção e também não sabe para que serve, o que automaticamente corta a ligação com os amigos espirituais pela sua insegurança e hesitação. Quando se tem dúvida ao ministrar a cor, é indicado que se coloque a cor branca junto, por exemplo: trabalho com azul, que é uma cor calmante, suavizante e fria; então pode-se trabalhar com azul-claro quase esbranquiçado, que será dado em doses menores que o azul mais intenso. Assim com as demais cores: verde-esbranquiçado, violeta-esbranquiçado, rosa-esbranquiçado, para que o consulente vá se acostumando e se tornando receptivo às energias de luz que está recebendo e não ofereça resistência.

Azul: regenerador celular – nervos, músculos, artérias, veias e pele. Auxiliar na diminuição do ritmo respiratório; inibição da descarga de adrenalina. Problemas de visão, gastrointestinais, renais, garganta. Na mulher, ameniza as cólicas menstruais.

Sedativo e analgésico dos campos nervosos. Ajuda na meditação. Acalma a mente agitada.

Traz serenidade e equilíbrio. Baixa a pressão arterial. Limpeza da aura de crianças, gestantes e idosos. Influências espirituais mais fortes. Usa-se como fixador a cor lilás, que remove o excesso e equilibra o cauterizador.

Amarelo: representa a energia vital, por isso energiza, traz alegria, mas se for ministrado em uma pessoa depressiva ou apática, aplicado de forma mais intensa, pode desequilibrar ainda mais; portanto, é indicado que se ministre amarelo-claro esbranquiçado, para que possa aos poucos modificar o estado do consulente de apatia para o movimento saudável de ânimo e alegria, trazendo bem-estar. O amarelo ajuda a superar inibições e medos. Cor da criatividade, razão, alegria de viver e inteligência. É reativador dos músculos, fortificante dos tecidos e tônico para os nervos.

O **amarelo** também atua como energia de ajuste para a cor laranja na atuação da parte óssea. Em seu tom mais claro, atua como energia desintegradora mais fraca em pedras e formações arenosas (rins, fígado e vesícula biliar).

Quando não se sabe ao certo qual cor trabalhar no momento do passe, indica-se a cor **branca**, que é neutra e contém em si o espectro das sete cores, como já citado anteriormente.

Verde: é antisséptico, anti-infeccioso, dilatador das veias, artérias, vasos e musculatura. Também é relaxante nos campos nervosos; atua como isolante na corrente sanguínea e em áreas da cabeça e do corpo. É uma energia regeneradora auxiliar em seu campo básico, por isso iniciamos com o cilindro de cor verde, mais esmeraldino e translúcido.

Podemos também utilizar um tom de verde mais escuro, da cor das matas, para fazer a oxigenação necessária na circulação sanguínea, limpando e ao mesmo tempo energizando. Ele tem uma função prática em todos os sistemas do corpo físico.

O verde traz sensação de paz.

Verde-limão: resulta da mistura do amarelo-claro com o verde-claro. É muito usado nos tratamentos de cromoterapia, principalmente porque é um agente purificador e tem como função facilitar ao organismo expelir suas células mortas e seus resíduos mórbidos, como catarro e mucos, sendo, portanto, a cor verde-limão reconhecida por seu efeito laxante, desintoxicante. Nas condições crônicas, é um excelente auxiliar por ser antiácida (alcalinizante sobre o organismo). É um estimulante cerebral, atuando bem nos casos de perda de memória e dificuldade de aprendizado. É também um excelente fortificante ósseo.

Bastante usado em tratamento para o câncer, o verde intui renovação, frescor e brilho, pela sua cor cítrica, que lembra um início de primavera.

Rosa: atua como ativador e eliminador de impurezas, mas também é muito utilizado para harmonizar e trazer amorosidade, irradiando a partir do chakra Cardíaco junto com o verde para limpar as mágoas e ressentimentos.

Traz equilíbrio e aconchego. Trabalha a aceitação e o merecimento através do amor incondicional. É muito usado no final do passe, antes de passar o cilindro azul para finalizar; trabalha-se com o cilindro da cor rosa na sua irradiação mais pura de amor e, depois, fecha-se com o cilindro azul de serenidade e sustentação.

Laranja: trabalha muito bem como energizador e auxiliar na consolidação de fraturas, fissuras e fraquezas ósseas. Também é eliminador de gorduras da corrente sanguínea. É uma cor de energia mais densa que atua principalmente sobre a parte óssea, muscular e nos traumatismos.

Lilás: é cauterizador – infecções, inflamações e rupturas. Funciona bem como bactericida, na higienização de feridas internas e externas, e sua utilização deve ser seguida da cor azul como fixadora. Suas áreas de maior atuação são: intestinos, rins, estômago e a região do baixo-ventre na mulher.

Violeta: é uma cor relacionada com a estabilidade e a paz na consciência. Promove a concentração e eleva a autoestima. Área de atuação: acalma os nervos e os músculos do corpo, e elimina infecções e inflamações. Transmutação de energias negativas em positivas. Libertação e perdão.

Possui a função de purificar os corpos físico, etérico, emocional, mental e espiritual.

Azul-índigo: coagulante – corrente sanguínea. Sua ação é muito benéfica quando usado sobre ferimentos com sangue, artérias, veias, paralisia facial, inflamações dos ouvidos e do nariz. É utilizado para anestesia e inflamações, para evitar a dor. Sua ação de alívio e conforto é sentida rapidamente. Também se usa para enfermidades nos pulmões, asma e doenças nervosas.

A cor índigo tem a função de elevar a mente, sendo vinculada ao que é artístico, belo, idealista.

Azul-turquesa: é formado pela combinação das cores azul e verde. Melhora a percepção, trazendo clareza de expressão e mais vivacidade. É uma cor leve que traz frescor e harmonia, mudança e transformação em seu aspecto mais elevado, porque simboliza o progresso espiritual.

Sendo refrescante, relaxante e muito serena, melhora qualquer condição inflamatória, dores de cabeça, inchaços, cortes, contusões ou queimaduras.

Também é muito indicado nos problemas de pele, inclusive acne, eczema e psoríase. Atenua o estresse e as tensões e ajuda a eliminar os detritos tóxicos e a congestão do corpo. Atua beneficamente sobre o sistema imunológico, formando uma proteção contra a invasão de bactérias e vírus perigosos, sendo de grande valia para os pacientes com AIDS, principalmente os que estão na fase inicial da doença.

Colite, disenteria, febre e febre do feno são particularmente sensíveis ao azul-turquesa, que também ajuda nos processos de excreção. Reabastece todo o sistema orgânico.

Obs.: Em várias oportunidades, já foi indicado "selar os chakras" (posicionar a mão em cada chakra irradiando a cor) do consulente após o alinhamento com a cor azul-turquesa como fixação da energia já harmonizada. (Nota do autor)

Vermelho: é a cor que aumenta a energia, a vitalidade e a adrenalina. É usado para restabelecer a vitalidade, melhorar o funcionamento do coração e ativar a circulação sanguínea.

Combate resfriados sem febre; previne a anemia e eleva a temperatura do corpo. Dispensa o cansaço. Além disso, a cor vermelha está também associada à paixão e à sexualidade. Deve ser usado com cuidado, porque pode aumentar a irritação e a tensão nervosa. Neste caso, atua-se com um tom de vermelho-esbranquiçado, mais claro, para ir mudando a condição aos poucos e restabelecer o equilíbrio.

Cristais

Iniciamos o trabalho com cristais no grupo de Eteriatria há 4 anos. Alguns médiuns trabalhadores são estudiosos e terapeutas que há muito descobriram os efeitos benéficos dos cristais em seu uso diário.

Fomos então orientados pelos amigos espirituais da Linha do Oriente a acrescentar os cristais nos trabalhos de Eteriatria e Magnetismo como auxiliares no desbloqueio dos chakras e também no tratamento como um todo. Observemos que, quando o médium ministra o passe, absorve as energias do consulente, para transmutá-las através do passe em energias benéficas e equilibradas, e se for do merecimento do consulente, estando ele em sintonia com essas benesses vindas do plano espiritual superior em seu auxílio, obter a cura, ou seja, seu corpo mental entra em sintonia com essas mudanças de energia em que as frequências elevadas estimulam mudanças bioquímicas que afetam o corpo físico, desencadeando experiências emocionais e mudando a função cerebral para abrir o consulente para a experiência espiritual, o que se dá quando também a fé e a confiança estão presentes neste momento de interação do plano material com o plano espiritual.

O que muitas vezes acontece é que o médium se ressente desta troca de energia e, por vezes, sai um pouco desgastado, porque está doando do seu próprio fluido em benefício de outrem, e são muitos os consulentes atendidos.

Então, nos foi sugerida a introdução de cristais nos atendimentos. De que forma?

Pêndulos de cristal ou de madeira (fica a critério do médium) para equilibrar os chakras, observando a sua rotação, estímulos etc. Uso em conjunto dos bastões para fazer a limpeza e a harmonização com os pêndulos.

Também colocamos alguns cristais embaixo das macas e das cadeiras de atendimento. (Informaremos mais adiante os cristais que usamos.)

No início, logo após o atendimento do consulente, vários pêndulos partiram-se, trincaram, caíram no chão. Então, nos foi mostrado quanta energia negativa se absorvia dos atendimentos, visto que os cristais são pura energia, organizada e sutil, que, ao entrar em contato com o campo magnético enfermo, se desintegra, salta longe, cai...

Assim, os médiuns que estavam começando a trabalhar com os cristais tiveram que compreender o mecanismo de atuação destes. Se o médium, por exemplo, não está bem equilibrado, os cristais por vezes caem de sua mão. Isso é absolutamente normal, basta que se compreenda que a energia deles é sutil e que a frequência elevada precisa ser sintonizada.

E o que os médiuns sentiram logo após os primeiros atendimentos?

Que não estavam cansados ao final dos trabalhos... pelo contrário, sentiam-se muito bem! Por quê? Porque antes era a mão do médium que fazia o movimento giratório para harmonizar e limpar o chakra, expondo a sua energia em contato com o campo de força enfermo, às vezes até mesmo emperrado, ou seja, que não se movimenta com o fluxo energético – por orientação recebida, quando isso acontece, tentamos até três vezes, e no caso de manter-se sem movimento, rígido, anotamos na ficha do consulente para que na próxima semana, na continuidade do tratamento, seja feita outra tentativa. Geralmente, na próxima vez, ele já está em condição de voltar à sua rotação normal.

Respeitamos o livre-arbítrio do consulente, por isso não forçamos o movimento energético se ele está muito nervoso, estressado ou ansioso. O plexo solar é campeão desse tipo de desequilíbrio – então, lembremos: *"O que o cérebro não compreende, o estômago não digere!"*. É preciso tempo para compreender a ordem das coisas e desapegar das preocupações cotidianas.

O mesmo acontece quando impomos as mãos sobre um ou mais órgãos enfermos durante o passe. Ministrar um bom passe dispersivo na região gastrintestinal auxilia na limpeza de excesso de alimentação e de medicamentos que sobrecarregam o organismo com toxinas.

Passamos então a guardar nossos pêndulos e bastões em um saquinho com um pedaço de **selenita branca**, pedra que limpa as demais, que harmoniza e que transmuta a energia negativa em positiva por possuir uma frequência muito elevada. A selenita não deve ser colocada de molho na água, porque se dissolve. Ela transmuta a energia negativa. Existe também a selenita pêssego ou alabastro, que possui as mesmas propriedades. Os pêndulos e bastões, após o término dos atendimentos, devem ser lavados em água corrente e, sempre que possível, expostos à luz do sol por algumas horas (pela manhã) para serem energizados.

Compreendendo os cristais

As pedras estão presentes em nossa vida desde sempre. Em sua constante busca de proteção, poder e conforto, os seres humanos fizeram uso dos materiais disponíveis em cada época, mas as pedras sempre foram as mais utilizadas.

Desde o início da formação da Terra, as pedras também estavam em franco processo de criação e transformação. As rochas vulcânicas, por exemplo, se formaram rapidamente. As rochas ígneas se formaram a partir do magma que derreteu após ser expelido para a crosta do planeta, como a turmalina, os cristais de quartzo, o basalto, o granito e o gabro.

Já as rochas sedimentares foram criadas a partir de soluções aquosas ou crescem auxiliadas por organismos sobre ou perto da superfície terrestre. São conhecidas como secundárias, como a calcita, a aragonita, o calcário, a greda, a pederneira e o arenito.

As rochas metamórficas foram modificadas pelo calor, pela pressão e também por processos químicos. Sofreram transformações enquanto estavam sob a superfície da Terra, como o mármore, a cianita e a serpentina.

Os povos antigos sempre buscaram respostas para a origem da vida na filosofia, na religião, na cura.

Os índios norte-americanos e canadenses consideravam os cristais como luz sólida que chegava das estrelas. A pedra Boji, para eles, era sagrada, pois trazia saúde, proteção e alegria. Classificavam-na como macho e fêmea. As lisas têm energia feminina e as protuberantes, energia masculina. Essas pedras são excelentes para ancorar a energia e alinhar os chakras e os corpos sutis quando o par é usado junto.

Sua cor é amarronzada e algumas são azuis. A pedra Boji é conhecida como "pedra viva", pois transmite saúde, equilíbrio, bem-estar e energia positiva, que traz a cura, e ficou escondida até 1970 pelos índios norte-americanos. Próximo a elas, tudo se torna lógico e cristalino. Eles usavam também a pedra Olho de Tigre como proteção contra influências negativas, trazendo ânimo e coragem para as batalhas. Hoje, ela é muito apreciada por conferir segurança, equilíbrio e tomada de decisões com firmeza. Pedra que está em harmonia com o Orixá Ogum.

Os egípcios também davam um alto valor às pedras preciosas e enfeitavam os túmulos dos faraós e de famílias abastadas da época com lápis lazúli e turquesas. Eram também usadas como joias e adornos. Os gregos, chineses, persas, hindus e ciganos também apreciavam o uso de cristais e pedras preciosas.

Os cristais possuem uma frequência mensurável, que pode ser alta ou mais densa e baixa; também pode ser excessivamente alta ou as duas coisas. É importante salientar que existem vários cristais, cada um com uma frequência própria, mais alta ou mais baixa, e não uma mesma pedra com duas vibrações. Existem cristais com frequência mais telúrica – densa, depende de onde são formados.

O efeito de um cristal depende da forma como ele interage com a pessoa. Eles afetam sutilmente os níveis do nosso ser e o nosso ambiente, onde vivemos e trabalhamos. Sintomas de indisposição significam que estamos com a energia bloqueada por desequilíbrios emocionais como ansiedade, preocupação, estresse, mágoas, tristezas etc.

Os cristais possuem uma estrutura equilibrada, uma aura e também uma ordem interna. Têm um crescimento simétrico em torno de um eixo.

Como se dá a sua atuação? Através da espinha dorsal energética. O campo universal energético se divide em faixas de frequências com vibrações intensas.

O desequilíbrio é do ser humano que, ao entrar em contato com o cristal, é convidado a conhecer um instrumento que é eficiente para aumentar a energia, para curar e auxiliar no crescimento espiritual, sendo que cada um atua de uma maneira diferente, mas sempre de acordo com o que mais necessitamos no momento, mesmo que não tenhamos a menor consciência disso.

O cristal também respeita o livre-arbítrio, portanto, vai sutilmente elevando a frequência vibratória do indivíduo que mantém sintonia e interage com ele, de forma a permitir que cada um vá sintonizando com ele e harmonizando-se, meditando, segurando-o nas mãos e percebendo que são muitas as possibilidades, que, na realidade, os cristais são grandes aliados no processo de cura.

Os cristais falam conosco! Desta forma, e por meio de pesquisa, vamos aprendendo sobre o uso e a função de cada pedra. São elas que nos escolhem, sentimo-nos atraídos por determinadas pedras e, posteriormente, descobrimos que elas contêm o que necessitamos no momento atual da vida!

Não importa o tamanho que tenham, mesmo as pequenas são eficientes e muito boas para se levar na bolsa ou carregar nos bolsos, para colocar nos chakras, para segurar no momento da meditação.

Os cristais podem ser colocados embaixo das macas nas sessões de magnetismo, ou utilizados numa pequena mesa próxima ao passista, se o mesmo preferir manuseá-los. O manusear ou não fica a critério do operador. Dependendo da demanda de consulentes, são mais práticos os cristais fixos embaixo da maca, pois vibram ininterruptamente e os amigos espirituais potencializam no éter suas emanações curativas, em conformidade com a necessidade e carência de cada atendido. Sugerimos os seguintes: uma drusa de cristal de quartzo na altura da cabeça; quartzo verde na altura do coração; ametista na região das pernas; próximo aos pés, uma turmalina preta.

Embaixo das cadeiras, colocamos uma ametista e uma drusa pequena de cristal de quartzo.

Para aqueles que estão iniciando nos trabalhos com Eteriatria e Magnetismo de cura, sugerimos que sigam as instruções de sua Egrégora Espiritual e não tenham pressa neste conhecimento. O estudo deve ser um aliado da prática, portanto, não há nenhuma necessidade de utilizar todos os recursos disponíveis se ainda não há experiência de trabalho.

Trabalhamos há sete anos e somente no terceiro ano nos foi orientado o uso de cristais, mesmo com médiuns terapeutas e conhecedores dos cristais entre nós. Tudo tem o seu tempo e cada Casa tem as suas prioridades, atuando de acordo com a necessidade da comunidade local. É necessário, sim, ter confiança, fé, estudo e boa vontade na prática. Este trabalho tem que passar pelo coração!

Segue, então, uma relação de cristais que podem ser usados pelos médiuns como forma de autoconhecimento. Eles podem utilizá-los em si mesmos para irem se familiarizando com as energias benéficas e curativas que irradiam. As pedras roladas podem ser colocadas nos chakras. E não vamos esquecer que os amigos espirituais atuam na velocidade da luz, enquanto nós, médiuns, atuamos de forma um pouco mais lenta.

Água-marinha: acalma, relaxa, melhora a comunicação clara. Elemento: água. chakras: quinto – laríngeo (garganta), quarto – cardíaco (coração).

Esta gema azul luminosa é uma das maravilhas do reino mineral. Proporciona coragem e clareza para expressar o conhecimento interior e melhorar as habilidades intuitivas. É um agente purificador poderoso para o corpo emocional e uma das melhores pedras para aclarar questões de comunicação. Estimula o fluxo de energia, a comunicação do coração para a garganta, ajudando a pessoa a dizer sua verdade mais profunda e sincera. É a pedra da libertação. Auxilia a movimentar-se com rapidez pela transição e mudança, removendo as resistências e ajudando a superar o medo do desconhecido. É útil para passar pelo luto. Favorece a cura de doenças inflamatórias de todos os tipos. É calmante para eczema, urticária rosácea e psoríase.

Estabiliza e harmoniza ambientes intranquilos e acalma os nervos, fortalece o fígado, o baço, a tireoide e os rins. Ajuda em doenças dos olhos, estômago, dentes e garganta. Reduz o medo e o estresse.

Ametista: proteção, purificação, ligação divina, eliminação de adição (dependência, vícios). Elemento: ar. Chakras: sexto – frontal, sétimo – coroa.

Membro da família dos quartzos com sistema de cristal trigonal. A ametista é uma pedra ideal para a melhoria do ambiente físico da pessoa. Usar uma ametista mantém o espaço interno do corpo e o campo de energia em um estado de equilíbrio e bem-estar. Sua bela luz roxa, combinada com sua energia elevada e meiga, torna a ametista um item necessário em qualquer caixa de ferramentas de um trabalhador da Luz.

Está ligada diretamente com a mente e o processo de meditação. Atua sobre os sistemas circulatório, imunológico e metabólico, acalma a mente, aumenta a memória e a motivação. Pode ser usada com outras pedras. Combate a insônia, angústia, desespero, medos exagerados, tensão, ansiedade, pânico, materialismo excessivo, hipertensão arterial, dores articulares e musculares, cansaço geral, dores de cabeça, dores e cólicas em geral.

Quartzo cristal: cristal de rocha. Programabilidade, ampliação da intenção da pessoa, magnificação das energias do ambiente, limpeza, purificação, cura, melhoria da memória. Elemento: tempestade. Chakra: todos.

O quartzo cristal está entre os minerais mais abundantes. É uma pedra de luz, que traz uma percepção espiritual elevada a quem o carregue, use ou medite com ele. Pode ser usado para amplificar as energias de outras pedras ou misturar e melhorar as energias de um grupo de pedras.

Transmite fluxo de energia para todo o corpo, ajudando na meditação, e tem as sete cores do arco-íris. Equilibra as emoções, desfaz negatividades no campo magnético da pessoa e no ambiente.

Quartzo citrino: manifestação, vontade pessoal, clareza mental, criatividade. Elemento: fogo. Chakras: primeiro – raiz, segundo – sexual/criativo, terceiro – plexo solar.

É um dióxido mineral de silício, um membro do grupo dos quartzos. É revigorante, melhora a digestão e a limpeza dos órgãos. Purificador e regenerador. Carregado com a energia do sol, que é muito benéfica.

Traz abundância e prosperidade em todos os sentidos. Trabalha a autoestima, aumenta a motivação, a concentração e revitaliza a mente. Ajuda a dissipar o medo e as fobias, promovendo a calma interior.

Estimula a digestão, o baço e o pâncreas. Combate infecções nos rins e na vesícula biliar. Aumenta a circulação sanguínea, desintoxica o sangue, ativa o timo e equilibra a tireoide. Muito benéfico nos casos de fadiga crônica.

Quartzo rosa: amor, gentileza, cura emocional, unidade com o Divino. Elemento: água. Chakra: quarto – cardíaco.

É um membro da família dos quartzos, um cristal dióxido de silício. Seu sistema de cristal é hexagonal (trigonal).

É a pedra da quintessência do Amor – amor por si, pelo seu parceiro(a) de vida, pelas crianças, família, amigos, comunidade, pela Terra, o Universo e o Divino. Auxilia a curar o coração de suas mágoas e recobrar a confiança. Suas vibrações calmantes são um bálsamo para as emoções, e elas acalmam e limpam todo o campo áurico. Seja para meditar, carregar ou manter no ambiente, o quartzo rosa é muito importante. É calmante para a mente, auxiliando a pessoa a eliminar preocupações, medo, ansiedade e traumas emocionais passados.

É uma das pedras mais humildes, ainda assim das mais poderosas, entre as aliadas espirituais. Volta o coração para o amor e banha o corpo, a mente e o espírito numa frequência terapêutica e iluminadora. Transporta a consciência amorosa do Cristo e outros seres mestres espirituais centrados no coração.

Descarrega estímulos negativos, incentiva o amor, é boa para o coração e está relacionada à autorrealização. Ajuda a resgatar a autoestima e o amor-próprio. Muito indicado para vencer a resistência à continuidade de tratamentos de base como psicoterapias. Melhora a autoimagem, auxilia na melhora de estados de irritabilidade ou agressividade defensiva, tontura, cefaleia, conjuntivite aguda, boca amarga, rubor facial, irritabilidade e pequenos sangramentos crônicos.

Quartzo verde: aceitação jubilosa da vida física, cura. Elemento: terra. Chakra: quarto – cardíaco.

Emana uma vibração suave e forte, que evoca o estado de celebração da vida física e facilita a obtenção de saúde. Traz mais amorosidade e aceitação.

Pode ser usado para cauterizar ferimentos etereamente, fazer cirurgias mediúnicas de tumores e cistos e estimular a cura de ossos e tecidos. É útil para remover etereamente cicatrizes em tecidos do coração e densidades do chakra do coração – por isso é colocado embaixo das macas. Pode-se também usar pêndulo de quartzo verde no passe.

É bom para o coração e para a saúde em geral. Ajuda em tratamentos de bronquites, rinites com muita coriza, tosse com acentuada produção de catarro, geralmente após contato com o frio.

Turmalina preta: purificação, proteção. Elemento: terra. Chakra: primeiro – raiz.

Indicada para períodos de crise e estresse, elimina energias negativas. Permite uma limpeza no campo áurico, após contaminação em ambientes negativos ou contato com pessoas "carregadas". Essa pedra produz um efeito de combustão nas energias, através de seu grande potencial químico. Quando capta as energias negativas, entra num processo de transmutação para torná-las positivas, e assim podem permanecer no ambiente, já numa outra frequência de energia. No corpo físico, podemos nos utilizar da turmalina para tratar da "bomba de transformação" de nosso organismo, o fígado. Exceto no caso de tumores, o fígado, quando doente, poderá se beneficiar com a utilização da turmalina. Fortalece o sistema imunológico. Alivia a dor e alinha a coluna vertebral.

Devemos compreender que não há a necessidade de colocar as pedras nos consulentes, mas sim deixá-las no ambiente de tratamento próximo a eles, como embaixo das macas e cadeiras, porque o Plano Espiritual utiliza as energias emitidas pelos cristais no momento do passe, junto com a cromoterapia, para efetuar o trabalho curativo no nível energético, no Duplo Etéreo. O pêndulo também não toca o consulente.

Capítulo 8
A água fluidificada

Por isso vos digo que tudo o que pedirdes em oração, crede que recebestes, e será vosso.
(Marcos, 11:24)

A água fluidificada

Chico Xavier nos ensina: "Coloca o teu recipiente de água cristalina à frente de tuas orações. Espera e confia".

Podemos entender por água fluidificada aquela que recebe, por meio do magnetismo, fluidos medicamentosos, balsamizantes e curadores. Sendo a água um corpo receptivo da Terra, absorve com muita facilidade os fluidos magnéticos com o objetivo de curar. Este processo não é visível aos olhos comuns, por isso é necessário que se tenha fé e confiança para que alcance os objetivos desejados.

Como acontece a fluidificação? Por meio da prece e da imposição das mãos. A água é condutora de força eletromagnética que absorve os fluidos sobre ela desejados, conserva-os e os transmite ao organismo doente, ao ser ingerida.

Observemos aqui que é imprescindível, ao magnetizar a água, efetuar uma prece e também que o "comando dado pela mente como intenção" seja para que a pessoa à qual se destina a água receba o *quantum* de energia necessário ao seu reequilíbrio físico, etérico, emocional e mental.

A água magnetizada tem também por objetivo aliviar e sustentar, ajudar e curar.

Existem três tipos de fluidificação da água mineral:

- **Fluidificação magnética**: o médium, pela imposição das mãos e de seu fluido vital, magnetiza a água com a intenção de cura, energizando-a com fluidos benéficos.

- **Fluidificação espiritual**: acontece pela atuação dos Espíritos Benfeitores diretamente nas garrafas, jarras ou copos com água.

- **Fluidificação mista**: médiuns e Espíritos Benfeitores trabalham em uníssono – os fluidos se misturam com o mesmo objetivo salutar.

Sendo a água magnetizada considerada medicamento, deve ser usada única e exclusivamente de acordo com o propósito ao qual se destina e ingerida pela pessoa à qual o tratamento está sendo ministrado.

Segundo o Espírito Ramatís, no livro *Mediunidade de Cura*, "*o médium é um receptáculo dessa eletricidade biológica, transformando-se num acumulador vivo que absorve as energias de todos os tipos de frequências vibratórias, a fim de prover as necessidades do seu próprio metabolismo carnal. Desde que ele possa potencializar essas energias e conjugá-las numa só direção, comandando-as pela sua vontade desperta e ativa, poderá transformá-la em líquido vitalizante e capaz de produzir curas miraculosas*".

Em nosso trabalho de Eteriatria e Magnetismo, sempre orientamos o consulente a ingerir um copinho com água fluidificada também com cristais (elixir de cristais) após o passe magnético, durante o seu tratamento.

Também orientamos que, ao chegar em casa, coloque um copo com água próximo à cama, tampe com um guardanapo de papel branco e faça com fé uma prece, utilizando suas próprias palavras. O trabalho mediúnico visando ao restabelecimento do consulente, muitas vezes, continua após o sono. Pedimos então que, na manhã seguinte, em jejum, beba a água que ele mesmo magnetizou com sua própria intenção. Isso deve ser feito durante todo o tratamento.

Os elixires de cristais são extremamente benéficos à saúde, mas como são preparados?

Colocamos em uma jarra de vidro com água mineral os cristais rolados que atuam mais diretamente no equilíbrio dos chakras: cristal de quartzo, ametista, quartzo verde e rosa, quartzo citrino. Podem ficar pela manhã à luz do sol, antes das dez horas. Também pode ser colocado um papel celofane azul em cima da jarra para potencializar a energia solar irradiada sobre os cristais na água.

Antes de iniciar o trabalho mediúnico, à noite, esta mesma jarra com os cristais já solarizados é magnetizada pelos médiuns através da prece, com a intenção já explicada anteriormente.

Se não for possível solarizar a água, não se aflija. Coloque os cristais na água mineral e efetue o processo de magnetização pelos médiuns e/ou Espíritos Benfeitores. Os cristais serão potencializados da mesma forma. Ao final do trabalho, encha novamente a jarra, completando a partir da água que sobrou, porque ela está magnetizada e pode ser guardada na geladeira, se houver novo trabalho mediúnico no dia seguinte. Os cristais devem ser lavados seguidamente e a jarra também.

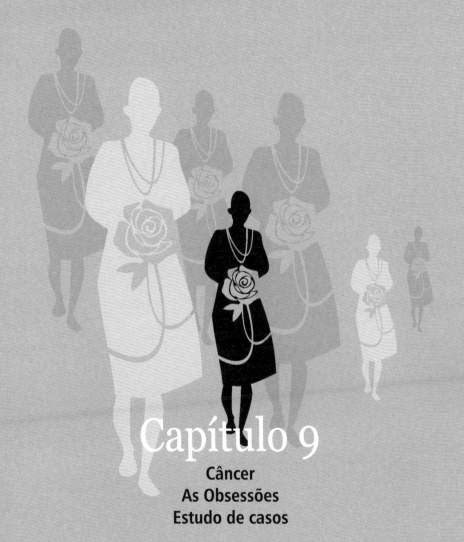

Capítulo 9

**Câncer
As Obsessões
Estudo de casos**

*Você não precisa afogar-se no rio da vida quando encontrar
as fortes tempestades das provações.
Aprenda a ser um barqueiro perito e você poderá remar
por este rio tumultuoso até as praias seguras de Deus.*
(Paramahansa Yogananda)

Câncer

Como é significativo o número de consulentes em busca de tratamento espiritual e respostas frente a um quadro de câncer, esta parte visa a auxiliar no esclarecimento, observando que tal doença está presente na vida de muitos, porque todos conhecemos alguém que está atravessando este momento, que já o superou ou que veio a desencarnar em decorrência deste processo difícil de ser compreendido e aceito.

Atendemos consulentes que estão apresentando o quadro inicial da doença, com tratamento sob controle, assim como casos em estágio mais avançado, passando por tratamento quimioterápico e/ou radioterápico, *junto com o tratamento espiritual.*

Cada pessoa tem um ritmo, uma forma de lidar com a própria doença. A Espiritualidade Superior surge como um lenitivo, ou seja, vem fazer com que o Ser amplie a consciência de si mesmo, repense seus conceitos, valores e crenças, volte o olhar para o Ser Interno, a chamada Alma, passe a ouvir mais a voz do próprio coração e volte a alinhar-se com o propósito de seu espírito. Todos estamos em busca de um melhoramento interno, de equilíbrio, e isso vem pelo autoconhecimento, pelo autoamor, que nada mais é do que a aceitação amorosa de si mesmo. A falta de amor em nossas vidas nos adoece, assim como a falta de sol traz a depressão.

O câncer está na história da humanidade há mais de 3.000 a.C. A palavra vem do grego *Karkinos* (caranguejo) e foi utilizada pela primeira vez por Hipócrates, o Pai da Medicina.

O câncer pode ser definido como um grupo de mais de 100 doenças, que têm como característica o crescimento descontrolado de células normais. As **neoplasias benignas** têm, contudo, um crescimento organizado, lento, sem invasão para tecidos vizinhos, e podem permanecer durante muito tempo e até mesmo regredirem. Muitas vezes um câncer é evidenciado em exames de rotina, ecografias, tomografias, sendo detectado acidentalmente e não como origem desses exames.

As **neoplasias malignas** já apresentam um comportamento celular agressivo. Todas as células normais que formam os tecidos do corpo se multiplicam num processo contínuo. Tudo que necessitamos para a nossa sobrevivência física é mantido pela vida de nossas células e comunidades de células próximas; cada célula executa milhares de reações químicas para dar continuidade à vida.

Falar em câncer é determinar a perda desse equilíbrio harmônico, é o descontrole da divisão celular, é o aumento da capacidade de invasão a outras estruturas orgânicas. O crescimento dessas células difere das normais, pois, ao invés de morrerem, continuam crescendo de forma descontrolada, formando novas células anormais.

O processo de formação do câncer é chamado de carcinogênese, e ocorre lentamente, podendo levar vários anos para que a célula cancerosa se prolifere e dê origem a um tumor visível, com acometimento de outras estruturas orgânicas. O órgão onde foi diagnosticado o tumor é reconhecido como a "localização primária" da doença, e é de fundamental importância este reconhecimento para a realização de tratamento específico. Outros órgãos que sejam atingidos são chamados de metástases à distância.

Na população brasileira, os cânceres de localização primária de pulmão, estômago, próstata, cólon, reto e mama aparecem entre as cinco maiores causas de mortalidade.

Os fatores de risco desta doença podem ser encontrados no ambiente físico, herdados ou representarem comportamento de uma determinada comunidade.

O risco de câncer de uma determinada população está associado às condições socioeconômicas e ambientais, bem como as características biológicas de cada indivíduo. São considerados fatores de risco:

Tabagismo
Uso excessivo de bebidas alcóolicas
Exposição excessiva ao sol
Exposição a agentes infecciosos
Alimentação inadequada
Obesidade
Radiação ultravioleta
Exposições ocupacionais
Poluição ambiental
Nível socioeconômico
Comportamento sexual
Idade
Gênero
Hereditariedade

A prevenção e o controle do câncer dependem diretamente das ações e medidas de saúde do indivíduo, na modificação desses fatores de risco; isso aliado ao entendimento de que, quanto mais cedo for detectado e tratado o câncer, maior a possibilidade de cura e melhor a qualidade de vida do paciente.

Segundo Thorwad D., *"Não é por acaso que tantos sofrem de câncer em nossa época... ou o câncer é uma expressão da época moderna e de nossa visão coletiva do mundo".* Nossa Era é caracterizada pela expansão e pela concretização desconsiderada dos próprios interesses. Na vida política, científica, religiosa e privada, os homens tendem a expandir seus objetivos e interesses sem consideração pelos limites (morfologia); eles tentam criar por toda parte bases de apoio para seus próprios interesses (metástases), prestigiando unicamente seus ideais e objetivos, escravizando, assim, todos os demais em seu próprio benefício (princípio de parasitismo) – comportamento refratário de toda célula neoplásica.

O tratamento pela medicina convencional é elaborado após o estadiamento da doença, a avaliação da extensão desta e a real condição física do paciente. Neste momento, há todo um estudo de comportamento da doença: tipo celular; se localizada ou com metástases à distância; órgãos comprometidos; tamanho do tumor; questões para a escolha do tratamento, se com quimioterapia ou radioterapia, e também a terapêutica de remoção cirúrgica do tumor.

Essas modalidades podem ser aplicadas conjuntamente, na ordem em que deve ser atacado o tumor, porque às vezes não é possível o ato cirúrgico. É necessária uma redução inicial do mesmo por meio de quimioterapia ou radioterapia, respeitando sempre a condição clínica do paciente.

Esses tratamentos objetivam a cura e o prolongamento da vida, melhorando ao máximo sua qualidade. Porém, quando a doença se encontra em estágio avançado, com poucas evidências de cura, ou se todas as possibilidades já foram esgotadas, é indicado o tratamento paliativo, que visa ao conforto diante das sintomatologias mais agressivas (alívio da dor), e todo tipo de acompanhamento e encaminhamento psicoespiritual. Neste momento, estão ainda mais envolvidos paciente/família.

Em meio a todos esses tratamentos e práticas, temos um paciente e sua família vivendo profundas transformações psico-emocionais-espirituais. O tumor designado como maligno está sempre associado à ideia de morte prematura, a uma sentença de natureza destrutiva, a uma transformação física e emocional muito intensas

– o que para muitas pessoas traz um grande despertar sobre si, abrindo as portas para o autoconhecimento e trazendo lucidez, o que faz com que o indivíduo decida viver. Tal decisão faz toda a diferença! Este é o chamado salto quântico, a reação positiva diante da intempérie.

Como médiuns trabalhadores na área de cura, o mais importante é a atitude que assumimos, porque também lidamos com esta situação em nossas vidas particulares. É a capacidade de encarar o momento da doença e o que a morte representa em nossas vidas, porque todos iremos ao encontro dela, mais cedo ou mais tarde, e nem sempre o desencarne acontece através do câncer. Muitos pacientes chamados de terminais pela Medicina, não raras vezes, dão a volta por cima, descobrindo neste processo uma grande e benéfica transformação interior que os faz descobrir um grande amor pela vida.

Só quem sabe o que o futuro nos reserva é Deus, e o futuro é algo que não existe. Tudo o que temos de real é o "aqui e agora", é o chamado "meu tempo é hoje".

Segundo Elizabeth Gluber R., em seu livro *A Morte e o Amanhecer*, todo paciente que passa por uma experiência de revelação sobre uma doença crônico-degenerativa ou terminal evolui nas seguintes fases:

Negação e isolamento

Raiva

Barganha

Depressão

Aceitação

Na fase de negação, predominam as ideias "não pode ser verdade", "o diagnóstico está errado". A negação é utilizada por quase todos os pacientes nos primeiros estágios da doença e, de certa forma, é necessária para que eles deixem de lado um pouco a questão da morte e passem a lutar pela vida. Inicia-se, então, uma peregrinação pelos consultórios, buscando médicos e permanecendo com a dúvida constante, visto que todos parecem estar "errados". Comumente é uma defesa temporária substituída por uma aceitação parcial e um tanto forçada.

Quando não é mais possível negar, ela é substituída por um sentimento de raiva e de revolta, de inveja e de ressentimento, com a seguinte pergunta: por que comigo?

Já os familiares, nesta fase, estão confusos, frustrados e com um sentimento de impotência, com muito choro, pesar e sentimento de culpa. Aqui nos deparamos com a vontade de ajudar e, ao mesmo tempo, não ser possível interferir – cada um tem a sua caminhada individual e intransferível e suas próprias experiências na vida. Cada vida é única e cada um de nós tem algo a fazer no curto período de tempo que nos é dado. É possível, então, aconselhar, acompanhar, orar, escutar e, às vezes, silenciar. É preciso que a família se fortaleça e compreenda o que acontece de fato, dando suporte nos momentos de crise.

Esta culpa pode ser trabalhada pelo próprio paciente. A perda do controle da vida é mais difícil para aqueles que lutaram para controlar a vida inteira, o tempo todo, tudo e todos, numa sequência ilimitada de "nãos" para si e para os outros.

O terceiro estágio é o da barganha, geralmente curto; é a fase de "moeda de troca", à procura de todo tipo de auxílio, inclusive espiritual. A busca pela cura e a promessa de que "agora serei outra pessoa", a compreensão de que é necessário mudar os comportamentos repetitivos.

Entra em cena a reflexão profunda sobre o tipo de vida que se teve, o que gerou as frustrações, os aborrecimentos, os ressentimentos, a falta de perdão e de amor sincero na vida. Sem esta abordagem pessoal e intransferível – porque "cada um sabe de si" – não é possível mudar, continuando na fase de troca, permanecendo ainda por um tempo egocentrado.

A real transformação ocorre quando o ser humano chega à conclusão de que não pode mais manter a situação na qual se encontra e decide mergulhar em si mesmo e libertar-se, em busca de uma cura real, ativando a farmácia interna, ou seja, o curador que há dentro de si mesmo.

No quarto estágio, temos a "depressão", o arrefecimento das tentativas de luta. Nesta fase, o paciente se volta para o seu mundo interno, isola-se, sente-se melancólico e impotente diante de sua situação. Geralmente, o tratamento já está no final e as investidas não têm dado resultado positivo na busca de sua cura; ele então pensa que deve resignar-se diante dos fatos. Nesta hora também há uma grande possibilidade de encontrar-se consigo mesmo, indo em busca do verdadeiro curador interno, porque a cura acontece quando se tem a real compreensão de que a doença tem o papel de professor na vida, trazendo de volta para o caminho da luz aquele que se afastou pelo não conhecimento ou aceitação de sua essência divina.

No quinto estágio, o da aceitação, o paciente está resignado à sua condição. Ele não sente desespero e consegue enxergar a sua realidade. Prepara-se, então, para enfrentar as mudanças em sua vida e aceita a possibilidade do desencarne.

Este é um tema difícil, mas absolutamente necessário que seja esclarecido, porque todos nós, indistintamente, em algum momento de nossas vidas, nos encontramos às voltas com amigos, familiares, consulentes que vêm em busca de tratamento e de respostas para sua situação. A doença, seja qual for, serve de mata-borrão, isto é, acumula-se no corpo físico, após um longo período de descuido com a vida, seja por se dar uma importância maior às questões materiais, por não ter consciência de que somos espíritos imortais, seja por guardar mágoas e ressentimentos, por ter raiva de tudo e de todos, por não se aceitar, por ter autoestima baixa, por não ser honesto consigo mesmo admitindo suas dores e fraquezas – a lista é grande, mas no final estamos tendo que nos libertar dos apegos, dos medos, do chamado controle absoluto, que é uma ilusão.

Seja como for, continuaremos nossa escala evolutiva de forma consciente ou não. Levaremos daqui apenas o que aprendemos. A evolução não dá saltos, mas é preciso ter fé, consciência, reflexão, amorosidade, paciência, compaixão e perdão para consigo mesmo em primeiro lugar, para depois poder ter com o outro.

O trabalho espiritual visa a trazer o consulente para um encontro consigo mesmo, em busca de equilíbrio e harmonia internos. O processo de cura é parte do caminho a ser trilhado. Se não for possível curar o corpo físico, que a passagem para o plano espiritual se dê de forma amorosa e serena, sem medo e consciente de que a vida continua para todos, com a Graça de Deus e sua Misericórdia! Mestre Jesus, O Cristo, disse no Capítulo VI do Seu Evangelho: "Não são os sãos que precisam de médico"; assim como: "Amai-vos uns aos outros como Eu vos amei", e a amorosa frase: "Vai em paz, a tua fé te curou"!

A cura real é a da alma!

As obsessões

Este é um tema bem amplo e que não deve ser negligenciado, mas sim muito bem estudado. Todo ser humano tem e passa por momentos de obsessão em algum grau, a qual necessita ser compreendida para ser trabalhada e libertada. Somente assim pode-se obter novamente clareza mental e uma vida mais saudável. Existem vários tipos de obsessões. Vamos detalhá-las a seguir.

O dicionário Aurélio conceitua obsessão como impertinência, perseguição, preocupação com determinada ideia, que domina doentiamente o espírito, ideia fixa, mania.

Já a Gênese de Allan Kardec, Cap. XV, item 45, diz: *"Chama-se obsessão à ação persistente que um espírito mau exerce sobre um indivíduo. Apresenta caracteres muito diferentes, que vão desde a simples influência moral, sem perceptíveis sinais exteriores, até a perturbação completa do organismo e das faculdades mentais". (A Gênese*, de Allan Kardec, Ed. FEB).

Precisamos compreender que o fundamento da vida é simples, mas quando se refere ao temperamento e às dificuldades diárias, temos tendência a ignorar os frutos dos somatórios de valores adquiridos em diversas encarnações. Somos energia condensada na matéria, já vivemos antes e continuaremos nossa caminhada evolutiva após deixarmos novamente o corpo carnal. Levaremos daqui apenas as boas e as más lembranças e todo tipo de conhecimento e experiências adquiridos. Levaremos saudades e deixaremos também muitas impressões e lembranças a outras pessoas, amigos e familiares. Faz parte da nossa natureza. No entanto, ao longo da caminhada, esquecemos temporariamente tudo que passamos "desde que o mundo é mundo", ou seja, nossas antigas encarnações, as batalhas externas e internas que travamos, "os afetos e desafetos" que se perderam pelo caminho. Seguimos semeando e colhendo os frutos dos nossos desenganos e das nossas paixões, que nada mais são do que as criações do ego e também do chamado poder. Há um antigo ditado que diz: *"Queres conhecer o vilão? Dá-lhe o bastão".*

Um espírito desencarnado ou um encarnado, para tornar-se nosso desafeto ou inimigo mais ferrenho, já conviveu em harmonia e com laços de afetividade muito fortes conosco antes de acontecerem as desavenças.

Só briga quem ama – significa que em algum momento este laço se rompeu e os caminhos tornaram-se diferentes, assim como os propósitos. Isso é muito mais comum do que se imagina, tanto que Jesus disse em Seu Evangelho: *"Amareis o vosso próximo e odiareis os vossos inimigos. Eu, porém, vos digo: Amai os vossos inimigos; fazei o bem aos que vos odeiam e orai pelos que vos perseguem e caluniam, a fim de serdes filhos do vosso Pai que está nos céus e que faz se levante o Sol para os bons e para os maus e que chova sobre os justos e os injustos. Porque, se só amardes os que vos amam, qual será a vossa recompensa? Não procedem assim também os publicanos? Se apenas os vossos irmãos saudardes, que é o que com isso fazeis mais do que os outros? Não fazem outro tanto os pagãos?"* (S. Mateus, Cap. XII, item 1, 5:43-47). (*O Evangelho Segundo o Espiritismo*, de Allan Kardec, Ed. FEB).

Isto significa que em algum momento esses desafetos deverão ser perdoados e reconquistados, porque a vida que Deus criou é repleta de Amor. Assim como também Jesus[2] disse: *"Se, portanto, quando fordes depor vossa oferenda no altar, vos lembrardes de que o vosso irmão tem qualquer coisa contra vós, deixai a vossa dádiva junto ao altar e ide, antes, reconciliar-vos com o vosso irmão; depois, então, voltai a oferecê-la"* (S. Mateus, Cap. X, item 7, 5:23-24).

Como não nos conhecemos na íntegra, esquecemos que na expressão da nossa vida mental, quando é positiva, conquistamos a paz, mas se abrigamos em nosso íntimo as expressões negativas, a falta de perdão, encontramos as enfermidades. Por quê? Porque neste somatório de acúmulos gerados, que são os apegos e a falta de compreensão de que tudo o que temos na verdade é o "aqui e agora", vivemos presos nas teias das ilusões do passado e a olhar na perspectiva do futuro, cultivando a famosa "ansiedade", esperando aquilo que ainda não veio. O excesso de preocupação, as ideias fixas, a cristalização dessas ideias e emoções geram então os distúrbios de conduta. Na Umbanda, estamos sempre atentos aos médiuns na corrente, observando os melindres, os muxoxos, os vitimismos e os egos enaltecidos que são "pratos cheios" para as chamadas auto-obsessões.

O médium que não está com a sua vida afetiva, o seu trabalho, a sua saúde em equilíbrio acaba por desgastar-se e entra em processo obsessivo, porque não compreende que cada um dá o que tem de melhor, e acaba por absorver os problemas dos consulentes que, muitas vezes, são da mesma ordem dos seus. Acumula insatisfações e abre as brechas para a negatividade atuar.

O astral inferior atua de forma sutil, inserindo no médium uma ideia de insatisfação aqui, outra ali, atuando nas fraquezas, ampliando os medos, os ressentimentos e as desconfianças, isso quando não enaltece a soberba. Muitas vezes, sem perceber, o médium não entende o enredo e acaba por entrar em processo de franca obsessão, podendo até mesmo abandonar a mediunidade. No trabalho de cura, quando observamos os consulentes em franco processo obsessivo, anotamos na ficha de anamnese e solicitamos que façam tratamento conjunto nas Engiras de Umbanda. Por quê?

Porque o objetivo do trabalho de cura é o magnetismo salutar, ou seja, remover, dentro do possível, as energias deletérias e negativas que estão vibrando no campo anímico do indivíduo, assim como também o que nos for permitido restaurar para que este recupere o bem-estar e o equilíbrio perdidos.

Respeitamos os obsessores e não interferimos nestes processos pessoais, pois temos plena consciência de que necessitam de esclarecimentos sobre as suas reais condições. O tratamento de desobsessão requer tempo, porque precisa conscientizar o obsessor e também o obsidiado, para que possa haver a verdadeira libertação.

Tipos de obsessão
Os graus de obsessão se compõem por: obsessão simples, fascinação e subjugação.

Tipos de obsessão segundo a natureza do agente obsessor:
Obsessor – Obsediado
Desencarnado – encarnado
Desencarnado – desencarnado
Encarnado – desencarnado
Encarnado – encarnado

Laços de dependência
O que atrai as obsessões para a vida do indivíduo são as mais variadas desordens psicoemocionais, a saber: ciúme, desejo de poder, paixões, preocupações excessivas, orgulho, vaidade, ganância etc.

Também durante o sono, quando o indivíduo está parcialmente liberto do corpo físico, dá curso em maior profundidade ao enlace infeliz em que se permite enredar. Por isso se diz: "Dize-me com quem andas e eu te direi como acordas". Se desperta pela manhã sentindo-se bem, é porque houve encontro com os bons espíritos e/ou apenas teve um sono tranquilo. Já se acorda mal, é porque foi para as zonas inferiores.

Na chamada **obsessão simples**, o espírito obsessor nem sempre tem consciência da influência negativa que está exercendo sobre o encarnado, ou seja, ele está enfermo e encontrou ali a mesma vibração afim, então se instala, o que acaba por prejudicá-lo com as vibrações que emite. Também existem aqueles que o fazem **intencionalmente**, por exemplo: aproximam-se de um fumante que está tentando deixar de fumar e começam a *indução pelo pensamento*, em que o encarnado fumante começa a sentir novamente um desejo forte, às vezes incontrolável, de voltar a fumar, "só mais um", ele pensa, "depois eu paro". É algo muito corriqueiro no campo dos vícios, por isso, além da dependência química no organismo, há sempre inúmeras influenciações (vários obsessores) atuando no campo do encarnado, visando a obter as sensações que os vícios propiciam, porque eles ainda estão sob a influência das sensações materiais. Portanto, sem tratamento médico e espiritual atuando junto na desintoxicação e no esclarecimento, não há como livrar-se dos vícios mais fortes, como o alcoolismo e a drogadição.

Salientamos que as **obsessões entre vivos** talvez sejam as mais comuns atualmente, embora não tenhamos muita percepção deste processo. As energias emitidas de encarnado para encarnado são densas e fortes também pelo próprio peso da matéria. Podem causar mal-estar, e as pessoas envolvidas, muitas vezes, não podem sequer se olhar. Tudo aquilo que não é resolvido de forma honesta e franca gera conflitos emocionais e mentais que ficam reverberando na forma de raiva, ressentimento, perda de confiança, mágoa e uma lista interminável de sentimentos e pensamentos enfermiços. Às vezes, passam-se anos e a negatividade continua presente, sendo ruminada diariamente, num processo de "não aceitação" de um revés, de uma perda, de uma separação etc.

Juntamente com esses processos, existem também os desencarnados que acabam se aproximando deste tipo de energia negativa vibrante por afinidade de sentimentos e pensamentos. Isso torna o processo ainda mais denso, porque amplifica estas energias. Por isso é imprescindível um tratamento adequado para que todos possam compreender as suas realidades e voltem a encontrar a paz, seguindo sua caminhada evolutiva aqui na Terra ou já no Plano Espiritual.

Tomar consciência dos seus processos e desenvolver o senso de percepção do que é seu e do que é do outro é meio caminho andado para a libertação e a conquista da saúde e da harmonia. Observe os seguintes esclarecimentos:

No *Livro dos Espíritos*, de Allan Kardec, encontramos o seguinte na **questão 459**: *"Influem os espíritos em nossos pensamentos e atos? Muito mais do que imaginais. Influem a tal ponto que, de ordinário, são eles que vos dirigem".*

Na **questão 461**: *"Quando havemos de distinguir os pensamentos que nos são próprios daqueles que nos são sugeridos? Quando um pensamento vos é sugerido, tendes a impressão de que alguém vos fala. Geralmente, os pensamentos próprios são os que acodem em primeiro lugar. Se decidir pelo bem o pratica; se tomar o mau caminho, maior será a sua responsabilidade. (Livre-arbítrio para escolher – Tomar as próprias decisões)".*

Na **questão 464**: *"Como distinguirmos se um pensamento sugerido procede de um bom espírito ou de um espírito mau?*

"Estudai o caso. Os bons espíritos só para o bem aconselham. Compete-vos discernir".

No que se refere à **auto-obsessão**, o indivíduo fica emitindo sempre os mesmos pensamentos, ou seja, entra num processo de autofixação mental, psicológica e afetiva. Ele se fecha num círculo onde realimenta a manutenção dos quadros mentais vívidos que criou (ideias fixas) e se torna vítima de si mesmo. Citamos como exemplos: o comodismo; o medo; a rigidez; a fuga de si mesmo; a culpa; a punição; a rejeição e os chamados "coitadismos", que são condicionamentos.

O indivíduo reclama, rumina seus problemas, vive insatisfeito, mas ao mesmo tempo não se permite refletir sobre a sua real situação e nega-se a mudar porque a mudança dói, leva ao desapego e à libertação. Significa perder o controle da situação enfermiça, soltar, libertar e deixar ir. Mudança de postura diante da vida.

Existem três forças que estão unidas: pensamento, vontade e ação. Isso faz parte da força magnética do Homem. Assim, é preciso compreender que, se o momento de vida não está bom, é hora de recriá-lo; trocar o padrão que diz que "tudo é difícil". Mas muitos não acreditam ser merecedores de alegria e felicidade. Não acreditam na própria capacidade e vivem insatisfeitos.

Entra aqui, mais uma vez, a questão da chamada honestidade emocional, que nada mais é do que admitir para si mesmo o que está sentindo e pensando e também por quê. Após profunda análise, modificar este quadro mental para uma energia mais criativa e saudável. Ao mudar o padrão do pensamento, desintegra-se a crença negativa arraigada.

Se a pessoa vive na solidão, passa a vibrar na companhia; se tem um emprego que a deixa insatisfeita por não lhe permitir crescer e utilizar toda a sua capacidade e ainda a remunera mal, então é hora de buscar novos conhecimentos, novos contatos profissionais e melhores oportunidades de trabalho. Isso é compreender a situação em que se encontra e dar-se conta de que ninguém vai fazer o que depende somente de você. O mesmo acontece quando uma doença se instala, é necessário tratá-la para ter saúde novamente.

Existem pessoas que ficam vibrando na faixa da doença e se comprazem em dizer para os outros o quanto gastaram no mês com consultas e exames. Mudar para quê, se podem ficar repetindo o mesmo padrão doentio? Mudar exige atitude, vontade e independência! Este é o chamado ponto de partida. Ninguém muda ninguém. A predisposição à mudança é interna e quando se compreende que "a verdade que liberta é aquela que não exige, mas transforma".

A **fascinação** é uma perturbação que se dá pelo prazer. É uma ilusão produzida pela ação direta e consciente do obsessor sobre o pensamento do obsidiado, que lhe perturba o raciocínio. É o chamado **"orgulho do falso saber"**. Significa que procuram médiuns crédulos que aceitam fascinados as orientações que recebem, sem passar pelo crivo da razão, não distinguindo o certo do errado. Este é um tipo de obsessão mais grave, que anula o senso crítico, e o indivíduo, então, passa a ter um comportamento de alienação. Ele lê e raciocina, mas as ideias não são objetivas e claras. O que agrava o quadro é que o indivíduo **não admite que esteja sendo enganado por espíritos malfazejos**. Este é o ponto crucial, ele se melindra e não aceita, embora todos tentem alertá-lo.

Como acontece a fascinação?

O espírito obsessor lhe inspira confiança cega, que o impede de perceber o que fala, escreve e como se comporta. O espírito que é embusteiro se trai pela incoerência, deixando passar sinais de inferioridade que só o fascinado é incapaz de perceber. Ele estuda e conhece bem as fraquezas do obsidiado e aproveita-se delas excitando o orgulho, a vaidade e "exaltando o saber".

Este tipo de obsessor teme as pessoas que lhe observam o comportamento e o desmascaram. Então, sua tática consiste em inspirar ao obsidiado o afastamento de quem possa lhe abrir os olhos.

Isto é muito triste dentro do quadro da mediunidade. Médiuns que dão guarida a espíritos inferiores começam a achar que sabem mais que o dirigente, que seus guias são melhores e que podem fazer tudo sozinhos. Na realidade, ficam "encantados" com as comunicações que dão de seu suposto orientador.

No caminho de um médium podem surgir as tentativas do astral inferior de se passar pela Entidade (Guia Espiritual) que tem realmente compromisso com aquele médium.

O que acontece, então? O Guia Espiritual se afasta e permite que um espírito mistificador (quiumba) se aproxime do seu médium para que este "aprenda" a se educar, a vigiar seus pensamentos e atos. Até que chega o momento em que o "outro" é revelado e o médium, então, pode recomeçar sua caminhada novamente, mais atento e amadurecido pela experiência dolorosa (trabalhar o orgulho e a vaidade) – mudança de atitude, libertação ao ver que estava no caminho errado. Quanto maior a liderança, maior a tentação para derrubar o médium com fascinações e deslumbramentos. Isso é um gerador de conflitos e discórdias dentro dos grupos de tarefa mediúnica, junto com os melindres, ciúmes e desentendimentos.

Existem médiuns que se fascinam com o que fazem e se comprometem com as Leis de Deus – cobram, ganham presentes, alimentam a vaidade e a bajulação, querem agradar sempre etc.

A falta de "vivência" no trabalho prático do terreiro de Umbanda propicia as fascinações. Muitos médiuns recém estão começando e já querem saber mais do que aqueles que têm a sabedoria que a experiência propicia ao longo de anos de trabalho mediúnico; adonam-se dos Guias e Falangeiros como se fossem meros objetos, dizendo: "Meu Caboclo!", "Minha Cigana!", "Meu Exu!". A humildade passa longe e não há respeito e consideração. Tudo é muito rápido, acelerado e, portanto, o tombo também é estrondoso.

O médium precisa conscientizar-se de sua tarefa e trabalhar junto com a Espiritualidade Superior. Depois que a brecha é aberta através do orgulho e da vaidade, o médium torna-se um brinquedo nas mãos do astral inferior e não percebe a sua condição. Alguns aceitam entrar em tratamento de desobsessão e refletem, recuperam a lucidez e voltam a trabalhar mais seguros e equilibrados. Mas outros, infelizmente, saem do terreiro e abandonam a tarefa mediúnica que lhes foi confiada, ou saem para trabalhar sozinhos.

Lembrem-se de que Jesus sempre peregrinou, ensinou e curou com seus Apóstolos, nunca sozinho!

O consulente, por sua vez, também alimenta este processo quando quer consultar sempre com o mesmo médium (mesma entidade); quando afirma que vai ao terreiro porque a Casa é forte. A questão de querer sempre que o outro "decida" por mim, "resolva" por mim.

Temos que ter consciência de que somos "medianeiros", ou seja, simples "instrumentos" para que o Plano Espiritual atue em benefício do próximo! O mérito não é nosso!

Segurança mediúnica é não trabalhar sozinho, é instruir-se com estudo e trabalho prático. Também não se deve interferir na vida alheia sem o consentimento da pessoa e visando apenas ao imediatismo.

Lembremos que Jesus curou somente os que estavam prontos para serem curados.

A **subjugação** acontece sob duas formas: moral e corporal. A obsessão é sempre bilateral, ou seja, onde há obsessor, há obsidiado. A subjugação moral leva o indivíduo a tomar atitudes absurdas, como se estivesse completamente privado de seu próprio senso crítico. O obsessor tem uma afinidade muito grande com seu obsidiado, dominando-o por completo e também lhe tirando a vontade.

Já a subjugação corporal tem por objetivo atuar sobre os órgãos físicos e provocar movimentos involuntários, obrigando sua vítima a gestos dramáticos e, às vezes, ridículos.

"O desequilíbrio da mente pode determinar a perturbação geral das células orgânicas. É por este motivo que as obsessões, quase sempre, se acompanham de características muito dolorosas."

"As intoxicações da alma determinam as moléstias do corpo." (*Missionários da Luz*, de Chico Xavier/André Luiz, FEB. 21ª ed., 1988).

Estudos de casos

Para melhor compreensão deste tipo de trabalho mediúnico, abordaremos a seguir quatro casos e seus respectivos destinos.

Primeiro caso

M.A.R., 44 anos, brasileiro, solteiro, católico. Residente no exterior, mais precisamente na África do Sul, há mais de 20 anos, é operário da construção civil.

Ao chegar na Casa, traz vários exames que fez e apresenta quadro de hiperlordose da vértebra L2 até S1; constante dor lombar praticamente incapacitante; dor que irradia para a região pélvica, perna esquerda e testículos. Em férias, veio para o Brasil para visitar seus parentes e também em busca de modalidades espiritualistas de cura.

Ao ser questionado sobre o motivo que o fez procurar a Casa, relata que busca a cura para as suas dores e a paz. Após a avaliação no atendimento fraterno, foram indicadas sete sessões de magnetismo na maca, uma vez por semana, às terças-feiras.

O consulente relata que suas férias já estão perto de terminar e que ele provavelmente teria ao todo quatro sessões, porque já estava com as passagens da volta marcadas. Concordamos com ele.

Na terceira sessão, informa que suas dores na região lombar diminuíram consideravelmente e admite que nas questões emocionais era muito rígido e autoexigente para consigo mesmo.

Então nos diz que mudou a data da viagem e que faria o tratamento completo. Realizou oito sessões nos meses de abril e maio de 2014.

Os discos intervertebrais, em especial os que ficam na região lombar, são esmagados lateralmente e pressionados contra os nervos, o que provoca dor frequente; neste caso, a hiperlordose que o consulente apresenta é um problema que causa curvatura excessiva da coluna lombar que se converte em dores constantes nesta região, **exatamente por este cisalhamento** e esmagamento das vértebras. Tudo ocasionado por um acidente de trabalho.

Na correspondência nervosa desta lombalgia, a dor acomete as pernas e os órgãos genitais e está relacionada com má postura, fraqueza muscular, hérnia de disco e tensões de trabalho. No nível emocional, o problema revelado por esses sintomas é o excesso de compromissos assumidos pelo indivíduo.

Assim sendo, a dor acaba por obrigar a pessoa a parar e a ter uma real reflexão, porque por trás de grandes esforços está sempre presente uma sensação de insegurança, baixa autoestima e falta de afeto para consigo mesmo. Quando uma pessoa é psicologicamente inibida, falta-lhe mobilidade, abertura, e ela se torna rígida e apegada às suas atitudes rotineiras.

A terapêutica necessária baseia-se na busca de reorganização e na libertação destes processos repetitivos de comportamento. É feito então o realinhamento dos corpos e dos chakras, trabalhando com a cromoterapia, direcionando ao duplo etéreo, agindo diretamente nas lesões dos discos intervertebrais. Assim como são mentalizados os cilindros de luz em volta do consulente para que ele tenha equilíbrio e harmonia durante o tratamento, libertando-se de suas cristalizações de forma consciente e equilibrada. Em processos de falta de amor e de rigidez, cilindros de luz rosa afirmando amorosidade e aconchego dão excelentes resultados, além daqueles indicados a cada caso.

Ao final, o consulente relata um grande alívio da dor, encorajado que foi ao sentir-se acolhido, cuidado e tratado pelos médiuns da corrente mediúnica.

Recebemos, posteriormente, dois cartões-postais dele, num intervalo de quase seis meses cada, relatando que se sentia bem e sem dor. O Espírito Ramatís nos aconselha: "Aproveitai bem vossas experiências espirituais. Embora a dor e o sofrimento sejam desagradáveis, a sua função é transformar a vestimenta perispiritual, oriunda das energias telúricas do mundo animal, na contextura delicada da túnica de energia angelical". (*Fisiologia da Alma*, de Hercílio Maes/Ramatís, Ed. Conhecimento)

Segundo caso
C.K., 40 anos, espírita, casada, residente em Porto Alegre. Apresenta histórico de adenocarcinoma uterino diagnosticado em 2008 e também nódulos na axila esquerda – adenocarcinoma. Foi realizada histerectomia com retirada total do útero, mais quimioterapia.

Em 2011 submeteu-se à retirada de nódulos da axila esquerda. Procurou o trabalho de Eteriatria em 2012, emagrecida e fragilizada com a doença em fase de progressiva evolução, com metástases retoperitoneais sem resposta no tratamento indicado, realizando ainda quimioterapia paliativa, na tentativa de contenção das metástases, para melhor qualidade de vida. Em sua ficha de anamnese, informando os motivos da procura pelo tratamento espiritual, não fala em cura, relata que tem fé nos Amigos Espirituais e que confia em Deus; que é trabalhadora da Doutrina Espírita e que gosta muito da Umbanda, sente afinidade.

Mostrou desde o início do tratamento uma serenidade jamais vista em nosso trabalho, e um grande entendimento de seu quadro, sem negação.

Aceitou todas as formas de auxílio que lhe confortassem espiritualmente. Sempre chegava com um sorriso no rosto e fazia questão de abraçar os médiuns que a atendiam ao sair.

Os consulentes com câncer, independente de sua etiologia, apresentam o duplo etéreo completamente lesado, desorganizado, visto a grande desordem celular e energética que se processa nesta patologia; reconstituir o duplo etéreo é parte importante do tratamento complementar do câncer, mas **sempre respeitando o livre-arbítrio** do consulente e ministrando o "*quantum* de energia" que ele pode absorver naquele momento, e pedindo aos Amigos

Espirituais que propiciem o devido amparo, ânimo e coragem. Os médiuns também doam ectoplasma, contribuindo gradativamente para recompor e revitalizar o duplo etéreo do consulente, aliado à cromoterapia, ao realinhamento dos chakras, ao passe dispersivo das energias deletérias e, por fim, ao magnetismo salutar de harmonização e equilíbrio.

Realizaram-se mais de 25 sessões; ela fora acompanhada durante todo o ano de 2012 (de fevereiro a dezembro), quando o quadro evoluiu para o desencarne, lembrando que a cura perene não acontece no corpo físico, mas sim no corpo espiritual, que segue livre a sua jornada evolutiva, descortinando novos horizontes.

Houve um grande envolvimento da equipe, uma compreensão da consulente na busca de uma melhor qualidade de vida.

De certa forma, ela sempre se esforçou por demonstrar confiança, carinho e esperança a cada sessão realizada.

Diante da gravidade do seu quadro, acreditando ser de grande importância, além da busca do equilíbrio pela Eteriatria e pelo Magnetismo, de ouvir as palestras e estar receptiva à equipe espiritual que a assistia, ela informou que "sabia" o porquê deste processo de expurgo do seu corpo físico. Isso nos deu uma grande lição de humildade e aceitação.

O câncer representa uma oportunidade de descobrirmos nossos próprios erros de pensamentos e enganos.

A verdadeira forma de viver bem é penar na Unidade e viver na Unidade – *"Eu e o Pai somos Um"* (Jesus).

Quando nos dividimos mentalmente, esta Unidade se perde, a essência se perde, nós nos perdemos; temos então a desordem, o caos; muitas vezes trazidos de vidas passadas, mas sempre haverá o tempo de despertar. A Doutrina Espírita nos ensina que o câncer tem profundas raízes em nossa psique, é o que o Espírito Ramatís chama de *verter para a carne*.

Paramahansa Yogananda ensina que, enquanto o ser humano não for feliz consigo mesmo, ali não haverá a presença Divina.

Temos que trazer Deus para a nossa vida diária, porque *"em Deus não precisamos possuir e nem perder nada"*. Deus é permanência e complacência! A cura está neste Amor Divino que irradia em nossa direção constantemente.

Quando não nos é possível curar o corpo físico, com certeza o espírito segue a sua jornada evolutiva mais leve, liberto do fardo da matéria que absorveu toda a energia desqualificada, e pode então seguir em busca de realização e paz, descortinando novos horizontes.

Terceiro caso
M.R.F., 28 anos, solteira, umbandista, residente no interior do Rio Grande do Sul.

Relata que é médium trabalhadora da Umbanda, procurando o atendimento de Eteriatria e Magnetismo, por apresentar lesões displásicas no colo uterino, ainda em investigação de sua etiologia para a elaboração diagnóstica; tem sangramento uterino constante e é fumante.

Após a avaliação, foi solicitado que comparecesse a sete sessões contínuas na Casa. Foi então iniciado o tratamento com passes, cromoterapia e realinhamento de seus chakras.

Foram observadas duas situações: lesão displásica em evolução por agentes infecciosos de predisposição cancerígena, com sangramento constante, e também questões de sua mediunidade a serem melhor compreendidas. O fato de sermos médiuns trabalhadores não nos isenta de atravessarmos caminhos tortuosos, não nos confere imunidade, pelo contrário, começamos a "pôr para fora" todo tipo de energia estagnada, desqualificada, medos, rigidez, pensamentos autodestrutivos etc. A mediunidade é uma excelente ferramenta para o autoconhecimento, um verdadeiro "fogo sagrado".

Segundo Ramatís, *"o espírito é como um eletroímã poderoso, tanto atrai como repele energias que palpitem livres no seio de vida cósmica"*. (*Fisiologia da Alma*, de Hercílio Maes/Ramatís, Ed. Conhecimento)

Deste modo, a principal função do passista é interferir neste campo de energias negativas, retirando-as dos enfermos e trocando por quantidade e qualidade capazes de removerem-lhes as células doentes ou cansadas, operando transformações benéficas nas coletividades microbianas que recompõem os tecidos e órgãos.

Após a primeira semana de atendimento, a consulente relatou redução da vontade de fumar, bem como imediata redução do sangramento uterino. Mantendo acompanhamento ginecológico da região displásica, ficou reduzida e não mais positiva para a presença do papilomavírus. Mantivemos o aumento das sessões de Eteriatria e Magnetismo, visto que houvera a melhora clínica da consulente, bem como de seu estado emocional e espiritual; ao final, as lesões estavam completamente resolvidas. Realizou o tratamento com dez sessões sem interrupção.

Salientamos a forma profilática de intervenção do processo espiritual de atendimento via Eteriatria e Magnetismo, com passe, realinhamento dos chakras, cromoterapia e ingesta de água fluidificada. Deve ser acompanhada sempre do tratamento médico terreno, que é indispensável, visto que o tratamento espiritual em hipótese alguma concorre com a medicina.

Temos verificado, ao longo deste período de trabalho na área da saúde, que o desenvolvimento canceroso cessa seu processo mórbido ou estaciona, porque coincidiu com o fato de o consulente entregar-se a uma doutrina ou tratamento espiritual de forma elevada, com modificação de seu temperamento, tornando-se mais calmo, o que retroalimenta suas células. A cura acontece exclusivamente pela transmutação da doença e nunca pela vitória sobre os sintomas, pois predispõe a compreensão de um estado que se torna mais perfeito, harmônico, ao conscientizar-se das arestas mais ocultas, para trabalhar com elas em forma de libertação, desapegando-se do velho para que o novo possa surgir.

Quarto caso

Z.S.C., 26 anos, solteira, católica, apresenta quadro de HIV positivo em fase inicial e sem iniciar o tratamento médico.

Recentemente soube da doença em exames ginecológicos de rotina que apresentaram uma lesão uterina. Relata sentir fraqueza, cansaço, frequentes inflamações oftálmicas e dor óssea.

Avaliada para tratamento na Casa, foi-lhe solicitado iniciar sete sessões de Eteriatria e Magnetismo, uma vez por semana, sem faltar.

Foi-lhe solicitado também que iniciasse o tratamento médico terreno sem demora, sendo-lhe explicada de forma detalhada a importância desses dois acompanhamentos que se complementam. A consulente estava iniciando uma fase de compreensão e aceitação do quadro apresentado e da importância de ter o quanto antes o tratamento estabelecido para a sua melhora.

Ela deveria realizar exames da carga viral para a dosagem medicamentosa e sanar suas dúvidas com o médico.

O HIV é um retrovírus transmitido por via sexual, transfusão sanguínea, compartilhamento de seringas ou mãe contaminada. Ele se multiplica no organismo destruindo as células de defesa, mais especificamente os linfócitos T-CD4. Quando atacado este sistema, estabelece-se a imunodeficiência, que abre as portas para infecções oportunistas e sistêmicas, doenças que debilitam, de forma muitas vezes agressiva, o indivíduo nesta condição. O Espírito André Luiz orienta que *"as doenças chamadas de infectocontagiosas se estabelecem sobre zonas de predisposições mórbidas que existem no psiquismo e no corpo espiritual como consequência natural de ressonância magnética e da necessidade de reequilíbrio do ser imortal"*. Foram realizadas as sessões de passe de Eteriatria e Magnetismo, bem como cromoterapia, alinhamento dos chakras e ingesta de água fluidificada. (*Evolução em dois mundos* – Parte II, Cap. XX – André Luiz/Francisco Cândido Xavier).

A consulente, então, relata na continuidade do tratamento que a carga viral já vinha apresentando melhora progressiva. As infecções oculares já estavam resolvidas. Estava iniciando também o tratamento com medicações específicas para o HIV. Um pouco receosa ainda a respeito do quadro de HIV, foi encorajada a dar continuidade e manter a mente mais harmonizada, buscando equilíbrio interno e confiança em sua capacidade de mudança para melhor. Mantivemos mais sete sessões de atendimento e o tratamento foi no período de 23 de junho a 27 de outubro de 2015.

A infecção pelo HIV é uma circunstância atraída pelo indivíduo por uma série de motivos, por isso deve ser vista sempre de forma individualizada. Este momento oportuniza para o consulente o desenvolvimento do autoamor, olhando para o seu Ser Interno de forma mais verdadeira, ou seja, sua imunidade e sua reconstrução dos propósitos da Alma e a tomada de decisão de ser mais feliz consigo mesmo daqui para frente.

No dia em que recebeu alta do tratamento, veio conversar com a assistência: *"Estou muito feliz e compreendi que este período em que estive doente não foi um castigo, e sim um despertar, foi uma bênção porque me fez mudar muitas coisas dentro de mim e hoje estou valorizando a minha vida! Gratidão!"*.

Este é um trabalho em que o médium doa de si mesmo em prol do outro, trabalha em silêncio e aprende muito. Costumo sempre dizer que a Mediunidade é uma grande Mestra, cujos ensinamentos nos preparam melhor e nos educam para a vida.

"Sempre fica um pouco de perfume nas mãos que oferecem rosas."
(Kahlil Gibran)

Capítulo 10

O que é a cura, afinal?

*Só aquilo que somos
realmente tem o poder de nos curar.*
(Carl Gustav Jung)

O que é a cura, afinal?

Será que o melhor significado de cura é o da medicina alopática ocidental, com sua visão mecanicista, organicista, em que a maneira de tratar e enxergar as doenças é somente a partir do físico? Ou o melhor mesmo é uma visão focada apenas no holístico?

Se você acompanhou o livro com atenção até aqui, deve ter percebido qual é a palavra-chave, não é mesmo? Sim, se disser que é "autoconhecimento", acertou em cheio. Uma frase que tem tudo a ver com essa expressão é a do psiquiatra Carl Gustav Jung: *"Quem olha para fora, sonha. Quem olha para dentro, desperta"*.

Entretanto, é notório que esse despertar é uma tarefa árdua que requer a famosa reforma íntima, tão falada e tão pouco praticada, que nada mais é do que uma quebra de paradigma – que nos enxerguemos como um Ser Integral, ou seja, com consciência de si mesmo, dentro de um contexto, nunca como uma parte isolada e intercambiável. E para que isso ocorra, temos que assumir a responsabilidade por nossa própria vida através da consciência do ser espiritual e da educação emocional.

O ser humano sempre se questionou sobre os motivos da dor, do sofrimento e das enfermidades, e permanece em busca das respostas. A cura é o anseio maior de quem está enfermo.

Quando adquirirmos mais conhecimento por meio da instrução, dos tratamentos, da nossa postura diante da vida, com o desejo real de nos modificarmos para melhor, construiremos a verdade dentro de nós. Isto é, o processo de cura virá quando deixarmos que o corpo e a mente andem juntos. E algo muito importante é conseguir ouvir o que o nosso corpo nos informa, sair dessa nossa inércia e ouvir as mensagens que ele nos manda.

O trabalho do Grupo de Eteriatria visa justamente a atuar no campo energético, harmonizando os campos emocional e mental para que o enfermo possa ter alívio nos seus processos dolorosos e também ser esclarecido com relação a sua postura diante da vida quando não está sendo positiva. A doença é sempre educativa, ela nos revela que algo não está indo bem, que estão sendo cometidos excessos nos corpos energéticos e, ao sobrecarregá-los, o corpo avisa, liga o alarme para que algo seja feito. Não havendo nenhuma ação que impeça esse processo, a doença chega ao corpo físico.

A cura verdadeira das doenças está relacionada ao processo de reajuste do Espírito, que pode extrapolar o limite de tempo de uma reencarnação, sendo o passe apenas um instrumento de auxílio, o que significa que, às vezes, a cura não é para esta vida. Certas limitações e deficiências são de tal ordem que não existem recursos médicos capazes de curá-las – são os processos cármicos que expressam as leis divinas nos mecanismos de ação e reação.

Você pode então até questionar sobre a bondade Divina, mas saiba que as leis de Deus são perfeitas. A causa profunda da doença está no espírito enfermo, nos desalinhos mentais e espirituais de nossa conduta anterior. E o corpo físico é o escoadouro desses processos, para que o espírito possa então libertar-se e seguir em sua caminhada evolutiva. É necessário tratá-la com a certeza de que é uma bênção, porque resgata dívidas, reabilita, abençoa vidas e doma as paixões inferiores.

Ao escutar a palestra, receber o passe e fazer o tratamento, o consulente vai sendo preparado para olhar para o seu espírito, para introjetar a ideia de espírito imortal, em caminhada evolutiva.

A cura depende de cada um. É necessário mudar a nossa conduta mental. Não é um processo fácil, mas, como disse Jesus: *"a cada um é dado conforme as suas obras"*.

Ao médium que realmente queira conhecer e aprender não faltarão ferramentas, basta buscá-las e também colocá-las em prática, pois estamos todos em escala evolutiva de aprendizado, uns apoiando os outros, consulentes e médiuns; o aprendizado é uma via de mão dupla, quanto mais buscamos, estudamos e praticamos, com verdadeira vontade de ajudar, sem qualquer outra intenção que não seja a prática da caridade, certamente estaremos recebendo muito mais do que possamos imaginar.

Por conseguinte, trabalhar o propósito da alma, ter quietude interna e observar-se são atitudes imprescindíveis para que o Ser possa ter harmonia e equilíbrio em sua vida. Deixemos de lado o medo da dor da mudança interior, saiamos desse comodismo e inércia que impedem o próximo passo. Só assim poderemos nos regozijar com o poder do efeito do segundo passo, do terceiro etc. Sejamos corajosos o suficiente para dar o primeiro passo.

Não existem milagres, mas o auxílio espiritual é dado a todos os que buscam, mas depende de cada um, de sua crença e fé, de seu merecimento e de sua vontade de superar as dificuldades.

A verdadeira cura passa pelo coração, pelo abraço sincero, visto que os braços estão alinhados com ele. *Com a minha intuição, com o meu coração e com a minha vontade*, isso significa o *"eu quero"* e o *"assim se faz"*. Cada um dá o comando sobre o que lhe vai na alma, por isso Mestre Jesus, o Semeador da Boa-Nova, disse a tantos que o procuravam: *"A tua fé te curou! Vai em paz, e não tornes a pecar, para que não te aconteça coisa pior!"*.

Este pecar está relacionado ao não se desviar mais das Leis de Amor à Vida e ao não incidir mais sobre os próprios erros de conduta moral e espiritual, que nos levam às quedas.

Então, a cura real está intimamente relacionada ao Amor à vida, ao autoamor, ao perdão e à aceitação de si mesmo, aqui e agora, em franco processo de evolução moral e espiritual!

A vida é pura alquimia, é transformar o chumbo em ouro!

Somente o amor cura as feridas, levanta os enfermos, traz a paz!

Diz o escritor americano Emmet Fox:

Não existe dificuldade que o amor não consiga vencer!

Não existe doença que o amor não consiga curar! Não existe porta que o amor não consiga abrir! Não existe abismo que o amor não consiga transpor! Não existe muralha que o amor não consiga derrubar!

Não existe pecado que o amor não consiga redimir!

Não importa a profundidade do problema, não importa o tamanho do erro... um pouquinho de amor dissolve tudo. Se você der amor, poderá ser a pessoa mais feliz e mais poderosa do mundo.

Nunca se esqueça de que todos os caminhos seguros a serem percorridos na vida passam pela via do coração...

Capítulo 11

Palavras finais
A Parábola do Semeador

*Calma! Há poderes que operam no Universo
e em ti e que estão além da tua experiência diária.
Confia nas correntes profundas da vida e deixa-te fluir com elas.*
(Sallie Nichols – Jung e o Tarô)

Palavras finais

O trabalho mediúnico visa a fazer a caridade desinteressada, mas procurando sempre conscientizar os consulentes de suas responsabilidades e de sua participação ativa nos tratamentos que vêm buscar de livre e espontânea vontade.

Os médiuns, por sua vez, não devem criar expectativas de reconhecimento, tampouco ficar comentando sobre as curas obtidas pela Graça de Deus. Somos meros instrumentos de trabalho a saber que *"tudo é possível àquele que crê"* (Jesus).

Este é um trabalho silencioso, de doação e amorosidade. Muitos consulentes compreendem o quanto é sutil, mas intenso; transformam-se assistindo às palestras e tratando-se; outros apenas visam ao imediatismo, pensando que os Guias têm de resolver seus problemas, suas dores, e ficam pelo caminho...

Estes ainda não compreendem a si mesmos e não estão dispostos a mudar. Há que se dar tempo ao tempo. Às vezes, ainda precisam sofrer mais um pouco. A semeadura é livre, mas a colheita obrigatória.

O importante é trabalhar a cada semana, sabendo que uma sessão de caridade pública nunca é igual a outra. Isso nos foi mostrado justamente quando estávamos por terminar este livro.

Resolvemos fazer uma palestra diferente, uma meditação profunda sobre a cura real, um encontro consigo mesmo, e na condução da meditação somos levados ao Tempo de Jesus, na Palestina, onde se ouve falar que ele iria pregar naquele dia.

Havia um grande alvoroço e expectativa na multidão que crescia à espera do Mestre. E eis, então, que estamos na fila para falar com Ele, mas ainda um tanto distantes, faz muito calor e é quase meio-dia.

Mas, aos poucos, a fila vai andando e já conseguimos distinguir a voz do Mestre. Finalmente, estamos mais perto!

Até que nos encontramos na frente de Jesus e Ele então nos olha profundamente e pergunta: "O que quereis?".

Então é relatado a Jesus tudo que vai no íntimo da alma, embora Ele o saiba perfeitamente. Todos estão trêmulos, não se sabe ao certo como conseguimos andar. Quando nos retiramos, já é noite e o céu cheio de estrelas nos faz sentir uma enorme saudade d'Ele, mas as Suas palavras estão profundamente gravadas em nosso Ser!

Retornamos vagarosamente e damos continuidade aos trabalhos da noite, visto que praticamente tudo já foi feito na assistência, amparando encarnados e desencarnados em seus respectivos atendimentos, na enfermaria do Hospital do Grande Coração.

Em quase 11 anos de Casa aberta ao público para a caridade, nesta noite, pela primeira vez, tivemos a presença de um consulente que chegou cedo, por volta de 16h30m; ficou aguardando que o portão abrisse e, ao ser atendido e preencher a ficha, escreveu no endereço: *Atualmente moro nas ruas*.

Procurou a Casa porque está com problemas de saúde e não tem diagnóstico médico; veio por livre e espontânea vontade, sem queixar-se ou vitimizar-se de sua situação.

Na sessão de Umbanda de sexta-feira, 5 de maio, também chegou cedo e ficou aguardando no portão... foi sua segunda vez na mesma semana!

O que se tornou muito emblemático foi o fato de, justamente na data em que "houve o encontro com Jesus" na meditação, vem uma pessoa que representa exatamente aqueles que o Mestre fazia questão de tratar, ou seja, os excluídos da sociedade. O Plano Espiritual Superior sempre nos surpreende e mostra os caminhos percorridos pela fé e pelo amor.

A nós, resta agradecer profundamente aos Amigos Espirituais pelas lições de amor e humildade. Vivemos neste mundo completamente esquecidos de que somos espíritos imortais e de que tudo que é verdadeiro é o que o caminho da Alma percorre... a via da matéria é finita.

A Parábola do Semeador

Naquele dia, ao entardecer, no lago de Genesaré, estava Jesus sentado dentro de um barco, contando aos seus discípulos a parábola do semeador... E à multidão que se acercava, Ele disse:

"Eis que o semeador saiu a semear... As sementes caem ao longo do caminho, os pássaros as comem... outras caem entre as pedras... onde a terra era pouca... entre os espinhos... sementes em terra fértil, trinta vezes mais, sessenta vezes mais, ou cem vezes mais. Quem tem ouvidos, ouça!"

Jesus é o próprio semeador desta história. (*Sabedoria das Parábolas*, de Huberto Rohden, Ed. Martin Claret)

As **sementes lançadas ao solo** são de fé, conhecimento, esperança, liberdade. *"Conhecendo a verdade, nos libertamos"*... e este conhecimento nos faz parar de sofrer e nos enche de esperança.

Observemos que a semente é recebida em diversos solos diferentes e **somente a última cai em terreno fértil!**

Os terrenos simbolizam o nosso nível de sensibilidade, a alma humana.

Ao longo do caminho... caíam, mas não foram compreendidas, não lhes deram ouvidos, não nasceram...

As sementes não adentraram no coração das almas. Os **pássaros** que retiraram as sementes simbolizam a preguiça, a incompreensão; os preconceitos; a acomodação; não deixaram as sementes nascer. A nossa indiferença é o complemento disto. É o ego humano.

Esquecemos que precisamos do esforço para viver!

As sementes entre as pedras – local de pouca terra... Nosso coração não está sensível. O sol queima, porque não há raízes. A planta nasce, mas não resiste ao calor das preocupações e das dificuldades. É o fogo de palha, o entusiasmo passageiro. Nosso mundo é uma escola, onde somos impulsionados ao crescimento interior e à libertação dos apegos e das crenças limitadoras.

Na Natureza, tudo segue um ritmo próprio, a evolução não dá saltos. Precisamos compreender o terreno imprevisível do livre-arbítrio, onde nenhum semeador pode saber em que solo está fertilizando, mas é necessário lançar as sementes. Quem sabe, uma germina.

São as verdades espirituais que nos impulsionam para a busca interior de paz, harmonia e alegria de viver.

Falta terra nas nossas pedras... O coração empedernido só procura pela medicina curativa quando se sente mal, aí quer remédio imediato – e também só procura a religião quando está sofrendo.

Os tratamentos precisam ser compreendidos; assim como as doses homeopáticas, eles nos organizam internamente de forma mais profunda e consciensiosa para pararmos de repetir certos padrões.

A medicina preventiva é o cuidado que devemos ter com a nossa alma, em todos os níveis: físico, etérico, emocional e mental.

As sementes entre os espinhos também nascem... É o jardim do coração, mas cultivamos as plantas erradas – cultivamos os espinhos que nos ferem, nos apegamos às dificuldades diárias, às exigências da vida material; iludidos, achando que estamos no controle de tudo, sempre às pressas, alimentando o chamado *"não ter tempo para nada"*, associado às distrações do mundo coletivo e virtual. Conhecemos pessoas que esperam melhorar de vida para depois se dedicarem à vida espiritual. Será? Quem sabe? Um dia, talvez...

Já **as sementes em terra fértil** têm vida o tempo todo. Quem as recebe acolhe, cultiva o bem e elas crescem. Rendem trinta vezes mais, sessenta vezes mais e cem vezes mais. Multiplicam-se.

O que podemos fazer para que germinem em nós?

Valorizar o conhecimento que estamos adquirindo e termos consciência e responsabilidade pela tarefa espiritual que aceitamos realizar, não só no sentido mediúnico, mas também assumindo as rédeas de nossa vida em busca do autoconhecimento e do equilíbrio e harmonia internos.

"Quem pegar a charrua (arado), que não olhe mais para trás". (Jesus)

O arado revira o terreno endurecido, afofa a terra e transforma-a para receber as sementes.

Mas a escolha é sempre nossa, e vale a reflexão sobre como essas sementes de amor dos ensinamentos do Evangelho de Jesus estão sendo semeadas em nossa vida, se estamos espinhentos, duros, ressecados... se perdemos tempo com distrações e ilusões... ou se já estamos conscientes do Ser Integral Saudável que está praticando o autoamor e a generosidade consigo mesmo, numa tentativa diária de ser melhor e de estar bem consigo mesmo, independente do momento que esteja vivendo.

Sendo assim, fica a reflexão sobre os ensinamentos do Mestre Jesus: *"Amai-vos uns aos outros como eu Vos Amei!"*

Diz o Espírito Ramatís: *"Ninguém passa por Jesus e permanece o mesmo!"*

... E o Semeador saiu a semear!...

Referências bibliográficas

PEIXOTO, Norberto. *Umbanda Pé no Chão*. Limeira: Conhecimento, 2008.
PEIXOTO, Norberto. *Iniciando na Umbanda*. Porto Alegre: BesouroBox, 2017.
PEIXOTO, Norberto. *Os Orixás e os Ciclos da Vida*. Porto Alegre: BesouroBox, 2016.
CAVALCANTI, Virginia. *O Equilíbrio da Energia está no Salto do Tigre*. Rio de Janeiro: Objetiva, 1989.
PASTORINO, Carlos. *Sabedoria do Evangelho* – Vol. 3. Publicação da Revista Mensal Sabedoria. Rio de Janeiro: 1964.
ANDREA, Jorge. *Psicologia Espírita* – Vol. II – Societo Lorenz.
REYO, Zulma. *Alquimia Interior*. São Paulo: Ground, 1996.
NUNES, René. *Cromoterapia: A Cura Através da Cor*. Rio de Janeiro: Freitas Bastos, 1996.
WILLS, Pauline. *Manual de Cura pela Cor*. São Paulo: Pensamento, 2000.
KARAGULLA, Shafica; KUNZ, Dora Van Gelder. *Chakras e os Campos de Energia Humanos*. São Paulo: Pensamento, 1989.
GARDNER, Joy. *Cura Vibracional Através dos Chakras*. São Paulo: Pensamento, 2006.
BRENNAN, Barbara Ann. *Mãos de Luz*. São Paulo: Pensamento, 1987.
BRENNAN, Barbara Ann. *Luz Emergente*. São Paulo: Cultrix/Pensamento, 2014.
SIMMONS, R.; AHSIAN, N. *O Livro das Pedras*. São Paulo: Madras, 2013.
CAPRA, Fritjof. *O Ponto de Mutação*. São Paulo: Cultrix, 1987.
HALL, Judy. *A Bíblia dos Cristais*. V. I-II. São Paulo: Pensamento, 2003.
SHEALY, C. Norman; MYSS, Caroline M. *Medicina Intuitiva*. São Paulo: Cultrix, 1988.
VARGAS, Laís; CARDOSO, Vera L. *Cristal: Luz Sólida Que Cura*. São Paulo: Madras, 2008.
STARK, Karl; MEIER, Werner E. *Prevenções e Cura com Pedras*. Rio de Janeiro: Robafim,1998.
TOLEDO, Wenefledo de. *Passes e Curas Espirituais*. São Paulo: Pensamento, 2010.
MAES, Hercílio. *Fisiologia da Alma*. Limeira: Ed. Conhecimento, 2011.
MAES, Hercílio. *Mediunidade de Cura*. Limeira: Ed. Conhecimento, 2006.
FRUCTUOSO, Paulo Cezar. *A Face Oculta da Medicina*. Rio de Janeiro: Instituição Lar de Frei Luiz.
CAPITÃO, Cláudio Garcia; CARVALHO, Érica Bonfá. *Psicossomática: Duas Abordagens de um mesmo Problema*. Psic. [online], 2006. Vol. 7, n. 2, p. 21-29. ISSN 1676-7314.
DEBRAY, R. *O Equilíbrio Psicossomático*. São Paulo: Casa do Psicólogo, 1995.
MARTY, P. *A Psicossomática do Adulto*. Porto Alegre: Artes Médicas, 1993.
MARTY, P. *Mentalização e Psicossomática*. São Paulo: Casa do Psicólogo, 1998.
DAHLKE, R. *A Doença como Linguagem da Alma*. São Paulo: Cultrix, 1992.
HAY, Louise. *Você Pode Curar Sua Vida*. Best Seller. Edição: 04-1999.
CAIRO, Cristina. *Linguagem do Corpo. Aprenda a ouvi-lo para uma vida saudável*. São Paulo: Mercuryo, 1999.